梵字之字義

摩訶毗盧遮那佛

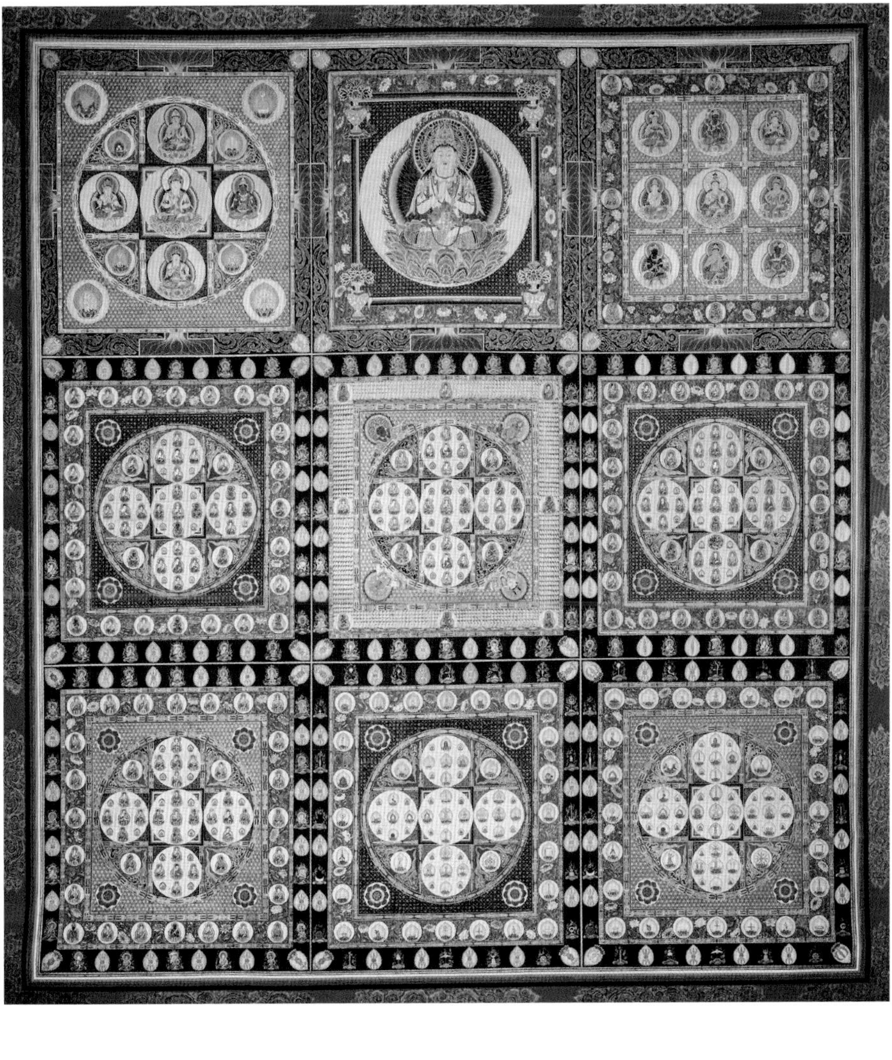

金剛界曼荼羅

胎藏界曼荼羅

日本佛教真言宗高野山派金剛峰寺中院流第五十四世傳法大阿闍梨
中國佛教真言宗五智山光明王寺光明流第一代傳燈大阿闍梨

悟光上師法相

「智理文化」系列宗旨

「智理」明言

中華智慧對現代的人類精神生活，漸漸已失去影響力。現代人，大多是信仰科學而成為無視中華智慧者，所以才沒有辦法正視中華智慧的本質，這也正正是現代人空虛、不安，以及心智貧乏的根源。

有見及此，我們希望透過建立「智理文化」系列，從而在「讓中華智慧恢復、積極改造人性」這使命的最基礎部分作出貢獻：「智理文化」系列必會以正智、真理的立場，深入中華智慧的各個領域，為現代人提供不可不讀的好書、中華智慧典範的著作。

這樣才有辦法推動人類的進步。我們所出版的書籍，必定都是嚴謹、粹實、繼承中華智慧的作品；絕不是一時嘩眾取寵的流行性作品。

何以名為「智理文化」？

佛家說：「無漏之正『智』，能契合於所緣之真『理』，謂之證。」這正正道出中華智慧是一種「提升人類之心智以契合於真理」的實證活動。唯有實證了「以心智契合於真理」，方能顯示人的生活實能超越一己的封限而具有無限擴展延伸的意義。這種能指向無限的特質，便是中華智慧真正的價值所在。

至於「文化」二字，乃是「人文化成」一語的縮寫。《周易・賁卦・彖傳》說：「剛柔交錯，天文也；文明以止，人文也。觀乎天文，以察時變，觀乎人『文』，以『化』成天下。」可見人之為人，其要旨皆在「文」、「化」二字。

《易傳》說：「文不當故，吉凶生焉！」天下國家，以文成其治。所以，「智理文化」絕對不出版與「智」、「理」、「文」、「化」無關痛癢的書籍，更不出版有害於人類，悖乎「心智契合於真理」本旨的書籍。

由於我們出版經驗之不足，唯有希望在實踐中，能夠不斷地累積行動智慧。更加希望社會各界的朋友，能夠給我們支持，多提寶貴意見。最重要的是，我們衷心期待與各界朋友能夠有不同形式的合作與互動。

「智理文化」編委會

張惠能博士（覺慧、玄覺大阿闍梨）介紹：

香港中華密教學會會長
中華智慧管理學會會長

香港大學畢業和任教。修讀電腦科學，三十年來專門研究人工智能，在國際期刊及會議上發表了五十多篇論文，並於香港大學專業進修學院主管及教授電腦創新科技課程，當中包括：大數據分析、雲端運算、電腦鑑證、物聯網、人工智能革命、區塊鏈科技革命等，多年來培育創新科技人材眾多。

另一方面，會長自幼深入鑽研中西文化、佛法及易理。廿多年來潛心禪觀、念佛及修密，並自2007年春開始不間斷地在學會、學院、及各大學教授禪觀、念佛及正純密法。會長乃皈依「中國佛教真言宗光明流」徹鴻法師，體悟真言宗秘密印心之真髓，獲授「中國佛教真言宗光明流」大阿闍梨之秘密灌頂，傳承正純密教血脈，弘揚正純密教「即身成佛」之法，教人「神變加持」，同行佛行，齊見佛世。

張惠能博士佛經系列著作：

《壇經禪心》、《楞伽佛心》、《圓覺禪心》、《楞嚴禪心》、《楞嚴禪觀》、《金剛經禪心》、《維摩清淨心》、《藥師妙藥》、《彌陀極樂》、《大日經 住心品》、《地藏十輪經》、《真言宗三十日談》、《金剛經密說》。

張惠能博士「易經系列」著作：

《周易點睛》、《易經成功學》、《推背圖》、《國運預測學》。

一事一法一經一尊

張惠能博士 專訪

撰自《溫暖人間 第458期》

張惠能博士，香港大學畢業和任教，修讀電腦科學及專門研究人工智能。少年時熱愛鑽研中西文化、佛法及易理。廿多年來潛心禪觀、念佛及修密，並自2007年開始講經說法。宿緣所追，今復皈依「中國佛教真言宗光明流」徹鴻法師，體得了秘密印心之法，獲授密教大阿闍梨之秘密灌頂，感受到傳承血脈的加持，遂發心廣弘佛法，以救度眾生。

真言密教為唐代佛教主要宗派之一，是正純的密宗，非得文為貴，旨在以心傳心，故特別重視傳承。本自唐武宗之滅佛

絕傳於中國，已流佈日本達千餘年，並由當代中國高僧悟光法師於一九七一年東渡日本求法，得授「傳法大阿闍黎灌頂」，得其傳承血脈，大法始而回歸中國。張惠能說，真正具備傳承大阿闍梨資格的，每個朝代應說不會多於十數人，所以每位傳法人都很重要，「因為一停下來，此久已垂絕之珍秘密法之傳承血脈就會斷，這樣令我有更大的弘法利生之使命感。」

多年前，《溫暖人間》的同事已有幸聽過張惠能博士講經，滔滔法語，辯才無礙，其後博士贈送了他當其時新著的《圓覺禪心》給我們，雜誌社從此又多了一套具份量的經書。今年，因緣成熟，《溫暖人間》終於邀請到張博士為我們主持講座，題目是「佛說成佛」：成佛？會不會太遙遠？

成佛觀：找到心中的寧靜

「這就是很多人的誤解，人人也覺得自己沒可能成佛，沒可能修學好一本佛經。其實每個人也能即身成佛，只要有方法、有工具、有目標。」畢竟佛陀未成佛之前也是普通人。「什麼是佛法？佛法讓人心裏平安，心無畏懼，不會生起妄想，恐懼未來。成佛觀念的力量是很不可思議的。當你不斷想着一件事，業力就會越來越強；所以加強成佛的念頭，想像自己就是佛菩薩的化身、是觀音的化身，想像大家一起做觀音、現前就是『普門諸身』，透過念念想像，人生從此截然不同。」這幾年香港社會人心動盪，情緒難以釋放，成佛觀其實就是根本的善念，如果大家把心安住在這根本善念上，就能找到永恆的寧靜安定。

張惠能博士說，他在講座裏會介紹禪、淨、密的成佛觀，「成佛觀可以修正我們的心，只要你進入這個思想模式，你就可以感受佛陀的慈悲力量，譬如能以阿彌陀佛的四十八大願思維去經驗無量光、無量壽。因為當佛的思想有如阿彌陀佛，佛就進入極樂世界。我們稱之謂淨土宗的成佛觀，就是想你進入阿彌陀佛的無量光、無量壽世界，體驗這種不可說的力量。」

張博士講經已十年多，《六祖壇經》、《金剛經》、《楞伽經》、《阿彌陀經》、《妙法蓮花經》、《大日經》已說得透徹熟練，回想當初，他是怎樣開始弘法之路？

一事一法一經一尊

「我的人生分為四個階段，用八個字歸納：『一事、一法、一經、一尊』。佛法說生命是永遠無限生的，每個人一生都有必然要完成的目標，稱為『唯一大事』或簡稱『一事』。特別對尋道人來說，目標都很清晰，所以認識到『一事』是第一個階段。」張惠能說，童年時候他對真理已經十分嚮往，整天拿着聖經鑽研，常夢想做神父，其他小朋友打架，他會上前講道理勸和。中學特別熱愛Pure Maths和 Physics，因為是當時所有學科中「真理性」最高最玄妙的，及後考上香港大學，畢業後博士研究的項目是「人工智能」，因為可以天天研究人類思考、智慧和心靈的問題，也涉獵很多中西方哲學，包括佛法。

「當時我取得了人工智能PhD，很輕易便開始在港大任教，但對於人生目標，亦即這『一事』的追尋，卻很迷茫。雖然我讀過了很多很多有關東西方哲學、存在主義、易經，甚至各種禪門公案的書，但心靈都是得不到平安。」**當張惠能對尋找人生真理充滿絕望，極度迷失的時候，另一扇門就開了。「有天逛書店，突然看見一本叫《歎異鈔》的書，副題是『絕望的呼喚』，這幾個字正中下懷，完全反映自己當時的心境，這本書是我人生轉捩點的契機，讓我進入了人生的第二個階段：真正修行『一法』。」《歎異鈔》為「淨土真宗」重要經典，是日僧唯圓撰錄了親鸞聖人關於「信心念佛」的語錄，張惠能視之為「念佛最高指南」。**

「這書開啟了我的信心念佛人生，一念就十多年，直至信心決定、平生業成。我因為信心念佛而得到絕對安心。所以如果沒有『一法』的真正體驗，你永遠不知其好處。其實佛法修行就好像我們去餐廳吃飯，餐廳有中西泰日韓等不同種類，也有不同級數，有快餐，也有五星級酒店中最高級的餐廳，不同人有不同喜好，這就像佛法中有八萬四千法門，不同宗派有不同的方法，好比不同的餐廳有不同的料理一樣，但大家都是同一目的：成佛。所以我們不論修任何法，都應該互相尊重，毋須比較，鹹魚青菜，各有所愛。同一道理，不論是什麼宗教流派，大家也都是在尋找真理道上的同路中人，要互相尊重而非批評比較，建立這正確態度是十分重要。」

單說不飽　實修證入

念佛法門是張惠能的「一法」。「修行是很簡單的事，好像心靈肚餓，修完之後就感到滿足舒服，輕安自在。**當你吃飽了，煩惱沒有了，你就感受到幸福，這信心念佛境界已經是往生淨土，一息一佛號已到達光明的極樂世界。對我來說，信心念佛會把悲傷和眼淚吸收，帶給我一份終極安心，煩惱都脫落。如果你念佛是越念越煩惱越恐懼未能往生淨土的話，就不是真正的信心念佛。禪宗叫修行為『大安心法門』，安心才可相應佛陀所說的。」**

為什麼「一法」那麼重要？張惠能坦言，所有佛經都說方法，「看破放下自在大家也會說，可是說易做難，不要說人生大事，就算平常如有人用行李輾過你的腳，你已經不能放下怒火；的士司機找少了十元給你，你可能半天心不爽快了；你最親蜜的人說你是垃圾，你立即崩潰。要看破、放下真是很難，所以『一法』好重要。」

「一法」之後，人生第三個階段就是「一經」，敦煌原本《六祖壇經》是張惠能讀通了的第一本經。張惠能說單是這部經，他就看了十年，「我不斷去讀，一百次、一千次、一萬次，讀至每個文字都充滿喜悅，讀得多了，經文慢慢開花變成你的心法，從《壇經》我認識到自性的道理，幸福安心。很奇怪，之前我一直不大明白的《心經》，可是讀了《壇經》十年後，再拿《心經》來看，竟然通透領悟到什麼是『般若波羅密多』，那份喜悅不可思議。」

張惠能從「一法」中找到安心，從「一經」中認識到自性的道理，跟着有幸皈依了普陀山本德老和尚，有次他問師父：「念佛所為何事？」師父答他：「念佛無所求，念佛為眾生！」他叮一聲就印了心。「老和尚當時鼓勵我出來講經弘法，不久後我亦決定把自己的生命與弘法給合，於是2007新年後開始出道講經，第一本就是講《壇經》。」過了一年香港大學專業進修學院院長李焯芬教授邀請他在學院講經，自此，他編寫的「禪宗三經」、「『生死自在』淨土三經」、和「禪、淨、密三經」證書課程便出現在這座高等學府了。

張惠能的弟弟修真言宗十分精進。在宿緣所追下，張惠能復皈依了中國佛教真言宗光明流徹鴻法師，更通過考證，通教了「即身成佛」義，體得了正純密教秘密印心之法，獲授密教大阿闍梨之秘密灌頂，感受到傳承血脈的加持，遂發心廣弘佛法，以救度眾生，開始了人生第四個階段：「一尊」。「真言宗最重視傳承，當你被選為傳法者，你已不再代表個人，而是代表一個法脈的傳承，我的人生就到了『一尊』階段，『一尊』就是『傳承血脈的加持』，你傳承了一千三百年三國傳燈歷代祖師的心願和力量，代表正純密教一千三百年傳承血脈的興衰，所以你的命已交給了『一尊』，會有很強使命感。」

對佛教初哥的建議

佛法是說當遇上苦與樂時，內心都同樣洋溢大安心、大無畏力量。

一開始找一個值得尊敬的老師，去學習真修實證一個具備法脈傳承的法、去好好從頭到尾讀通一部經，自己從中去體驗什麼是心靈上的飽足？如果只是不斷去跑不同的道場，聽這個又聽那個，老是shopping around不肯去定下來，最終根本不可能會有什麼得着的。所以，建議大家先修一經一法，有了堅定立場後，才好出去切磋參學。

目錄

梵字之字義

梵字之字義

一

梵書「字母」所謂「字門」者為般若波羅波羅蜜一切法從入之手段，見《摩訶般若波羅蜜經廣乘品》卷第五，「菩薩摩訶薩摩訶衍」所謂字等語等諸字入門是也，又《文殊問經字母品》卷第十二亦有之為轉。當門句法句金剛句字門凡(二十八字)

二

佛典中大別有二系統即四十二字門系與五十字門系分揭如下：

四十二字門	華嚴經入法界品四十二字觀門	大智度論卷第四十八
𑖀 阿	一切法本不生	一切初不生
𑖨 羅	一切法離塵垢	一切法離垢

𑖢 跛 一切法勝義諦不可得 一切法第一義

𑖓 左 一切法無諸行 一切法終不可得

𑖡 曩 一切法性相不可得 諸法離名性相不得不失

𑖩 攞 一切法出世間 諸法度世間

𑖟 娜 一切法調伏寂靜真如平等無分別 諸法善心生

𑖤 麼 一切法離縛解 諸法婆字離

𑖚 拏 一切法離熱矯穢 諸法婆字淨

𑖬 灑 一切法無罣礙 諸法六自在王性清淨

𑖪 嚩 一切法言語道斷 諸法語言道斷

𑖝 多 一切法真如不動 諸法如相不動

𑖧 野 一切法如實不生 諸法如實不生

𑖬𑖿𑖘 瑟吒 一切法制伏任持相不可得 諸法制伏不可得

𑖎	迦	一切法作者不可得	諸法作者不可得
𑖭	娑	一切法時平等性不可得	諸法時不可得
𑖦	莽	一切法我所執性不可得	諸法我所不可得
𑖐	誐	一切法行取性不可得	諸法去者不可得
𑖞	他	一切法處所不可得	諸法處不可得
𑖕	惹	一切法能所生起不可得	諸法生不可得
𑖭𑖿𑖪	娑嚩	一切法安穩性不可得	諸法簸字不可得
𑖠	馱	一切法能持界性不可得	諸法性不可得
𑖫	捨	一切法寂靜性不可得	諸法定不可得
𑖏	佉	一切法如虛空性不可得	諸法虛空不可得
𑖎𑖿𑖬	訖灑	一切法性不可得	諸法盡不可得
𑖭𑖿𑖝	娑多	一切法任持處非處令不動性不可得	諸法有不可得

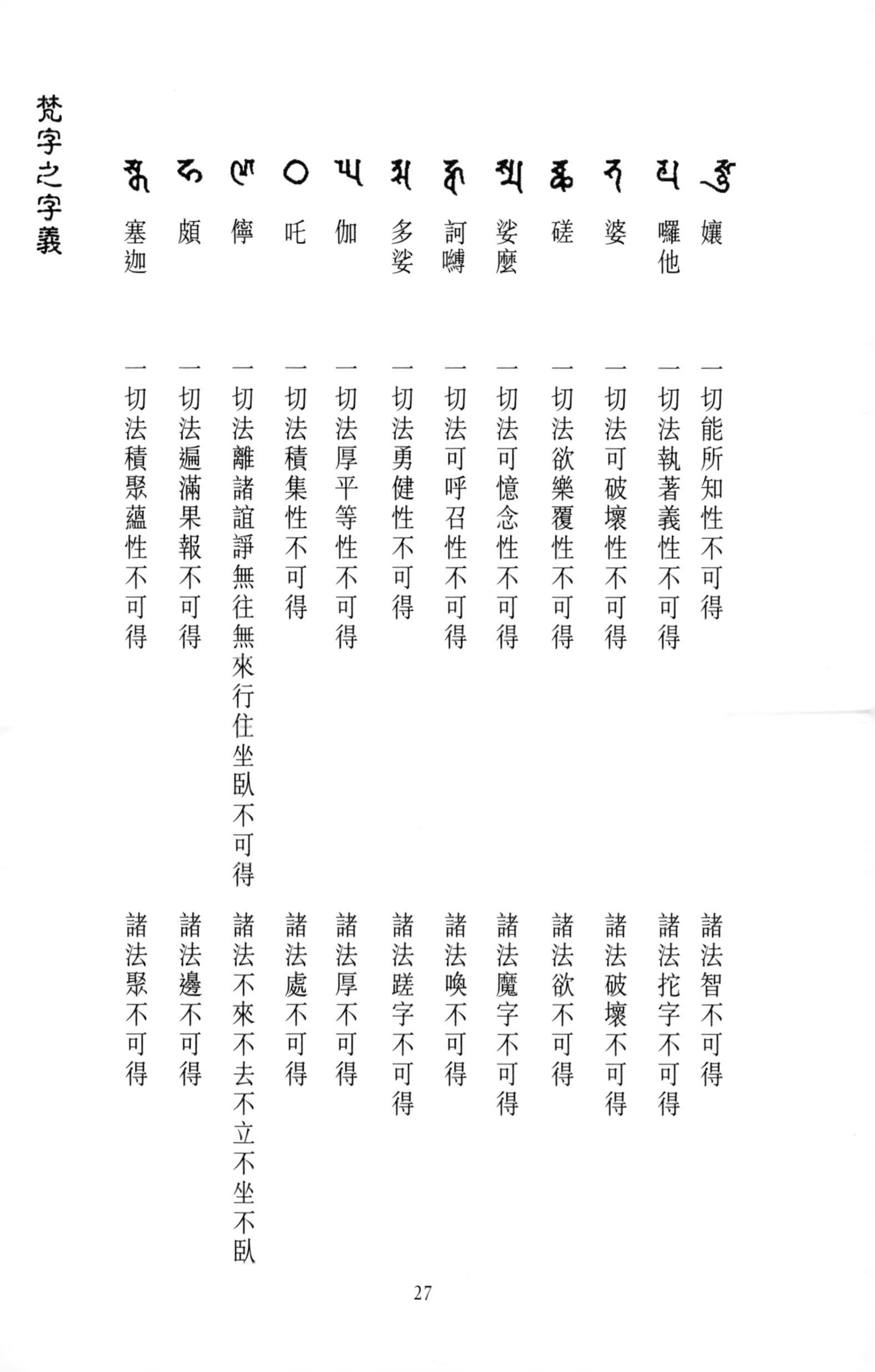

孃	一切能所知性不可得	諸法智不可得
囉他	一切法執著義性不可得	諸法挓字不可得
婆	一切法可破壞性不可得	諸法破壞不可得
磋	一切法欲樂覆性不可得	諸法欲不可得
娑麼	一切法可憶念性不可得	諸法魔字不可得
訶嚩	一切法可呼召性不可得	諸法喚不可得
多娑	一切法勇健性不可得	諸法蹉字不可得
伽	一切法厚平等性不可得	諸法厚不可得
吒	一切法積集性不可得	諸法處不可得
儜	一切法離諸諠諍無往無來行住坐臥不可得	諸法不來不去不立不坐不臥
頗	一切法遍滿果報不可得	諸法邊不可得
塞迦	一切法積聚蘊性不可得	諸法聚不可得

	也娑	一切法衰老性相不可得	諸法醝字不可得
	室左	一切法聚集足跡不可得	諸法行不可得
	吒	一切法相驅迫性不可得	諸法驅不可得
	荼	一切法究竟處所不可得	諸法邊竟處不可得

阿，梵云：Āci-anutpāda（本不生）就是一切法本不生。羅者Rajas訓(塵垢)、一切法須離塵垢之義，順序為(a)、(ra)、(pa)、(ca)、(na)四十二字門系，見於其他釋典者有：

西晉竺法護譯 《光讚般若經》卷第七
西晉無羅義譯 《放光般若經》卷第四
東晉佛馱跋陀羅譯 《六十卷華嚴經》卷第五十七

後秦鳩摩羅什譯　《大智度論》卷第四十八

同　譯　《摩訶般若經》卷第五

唐實叉難陀譯　《八十卷華嚴經》卷第七十六

唐地婆訶羅譯　《華嚴經》入法界品

日本天台宗安然所著『悉曇藏』卷第六・七即採用四十二字門之說。

次為五十字門系：

五十字門		瑜伽金剛頂經釋字母品	文殊問經字母品	方廣大莊嚴經卷第四
𑖀	阿	一切法本不生	無常聲	一切諸行無常聲
𑖁	阿長引	一切法寂靜	遠離我聲	自利利他聲
𑖂	伊	一切法根不可得	諸根廣博聲	諸根本廣大聲
𑖃	伊長引	一切法災禍不可得	世間災害聲	一切世間眾多聲

	塢	一切法譬喻不可得	多種逼迫聲	世間諸惱亂事聲
	塢長引	一切法損減不可得	損減世間多有情聲	諸世間一切眾生智智狹劣聲
	哩	一切法神通不可得	直軟相續有情聲	
	哩長引	一切法類例不可得	斷染遊戲聲	
	呂	一切法染不可得	生法相聲	
	嚧	一切法沉沒不可得	三有染相聲	
	噎	一切法求不可得	起所求聲	所希求諸過患事聲
	愛	一切法自在不可得	威儀勝聲	勝威儀聲
	污	一切法瀑流不可得	取聲	死曝流到彼岸聲
	奧	一切法化生不可得	化生之聲	皆化生聲
	闇	一切法邊際不可得	無我之聲	一切物皆無我我所聲

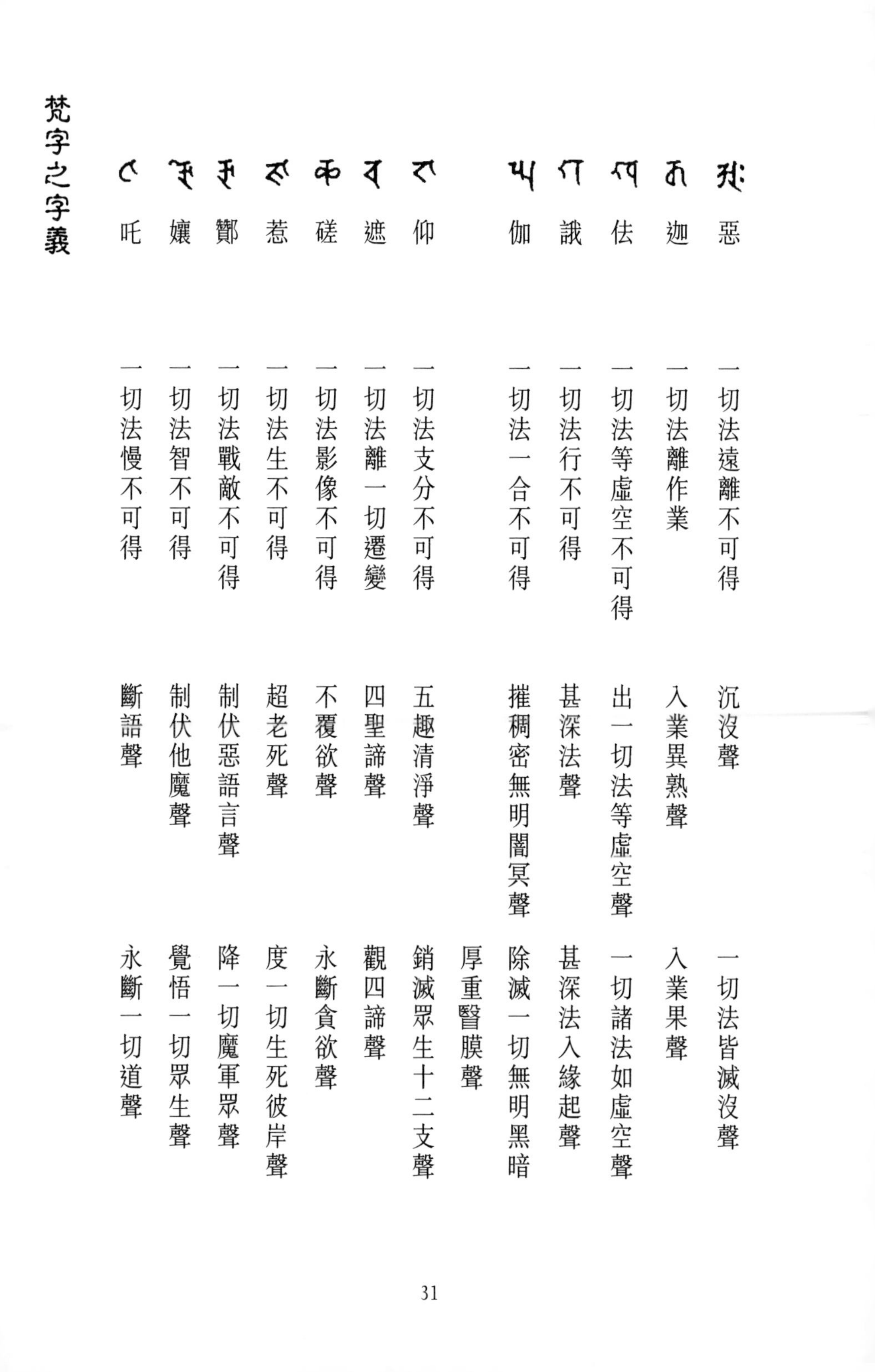

惡	一切法遠離不可得	沉沒聲	一切法皆滅沒聲
迦	一切法離作業	入業異熟聲	入業果聲
佉	一切法等虛空不可得	出一切法等虛空聲	一切諸法如虛空聲
誐	一切法行不可得	甚深法聲	甚深法入緣起聲
伽	一切法一合不可得	摧稠密無明闇冥聲	除滅一切無明黑暗厚重瞖膜聲
仰	一切法支分不可得	五趣清淨聲	銷滅眾生十二支聲
遮	一切法離一切遷變	四聖諦聲	觀四諦聲
磋	一切法影像不可得	不覆欲聲	永斷貪欲聲
惹	一切法生不可得	超老死聲	度一切生死彼岸聲
酇	一切法戰敵不可得	制伏惡語言聲	降一切魔軍眾聲
孃	一切法智不可得	制伏他魔聲	覺悟一切眾生聲
吒	一切法慢不可得	斷語聲	永斷一切道聲

𑖙	咤	一切法長養不可得	出置答聲	置答聲
𑖚	拏	一切法怨對不可得	出攝伏魔諍聲	斷一切魔惱亂聲
𑖛	荼	一切法執持不可得	滅穢境界聲	一切境界皆是不淨聲
𑖜(𑖜)	拏	一切法諍不可得	除諸煩惱聲	永拔微細煩惱聲
𑖝	多	一切法如如不可得	真如無間斷聲	一切法真如無別異聲
𑖞	他	一切法住處不可得	勢力進無畏聲	勢力無畏聲
𑖟	娜	一切法施不可得	調伏律儀寂靜安穩聲	施戒質直聲
𑖠	馱	一切法法界不可得	七聖財聲	希求七聖財聲
𑖡	曩	一切法名不可得	遍知名色聲	遍智名色聲
𑖢	跛	一切法第一義諦不可得	勝義聲	證第一義諦聲
𑖣	頗	一切法不堅如聚沫	得果作證聲	得果入現證聲
𑖤	麼	一切法縛不可得	解脱繫縛聲	解脱一切繫縛聲

𑖥	婆	一切法有不可得	出生三有聲	斷一切有聲
𑖦	莽	一切法吾我不可得	息憍慢聲	銷滅一切憍慢聲
𑖧	野	一切法乘不可得	佛通達聲	通達一切法聲
𑖨	囉	一切法離諸塵染	樂不樂勝義聲	厭離生死欣第一義諦聲
𑖩	邏	一切法相不可得	斷愛子聲	斷一切生死枝條聲
𑖪	嚩	一切法語言道斷	最上乘聲	最勝乘聲
𑖫	捨	一切法本性寂	出信進定慧聲	一切奢摩他毘鉢舍那聲
𑖬	灑	一切法性鈍	制伏六處得六神通智聲	制伏六處得六神聲
𑖭	沙	一切法一切諦不可得	現證一切智聲	現證一切智聲
𑖮	訶	一切法因不可得	實煩惱離欲聲	永害一切業煩惱聲
𑖎𑖿𑖬	乞灑	一切法盡不可得	一切文字究竟無言說聲	諸文字不能詮表一切法聲

其他同一系統之經典如下：

劉宋慧嚴等譯《大般涅槃經》（三十六卷）卷第八文字品

梁僧伽婆羅譯《文殊師利問經》卷上字母品

隋闍那崛多譯《佛本行集經》卷第十一

唐地婆訶羅譯《方廣大莊嚴經》卷第四

唐不空譯　《瑜伽金剛頂經》釋字母品

三

密教修行之方法：曼荼羅。曼荼羅（mamdhala）者密教之佛陀境界，佛世界之圖繪也。佛界全體為大曼荼羅，個別則為別尊曼荼羅。以外相論為胎藏界曼荼羅、內面智為金剛界略曼荼羅。諸法曼荼羅中尊像皆書梵字（種字），此類種字曼荼羅，出自《大日經》、《金剛頂經》。梵字所代表天神及其意義，表之如下：

現圖胎藏界曼荼羅

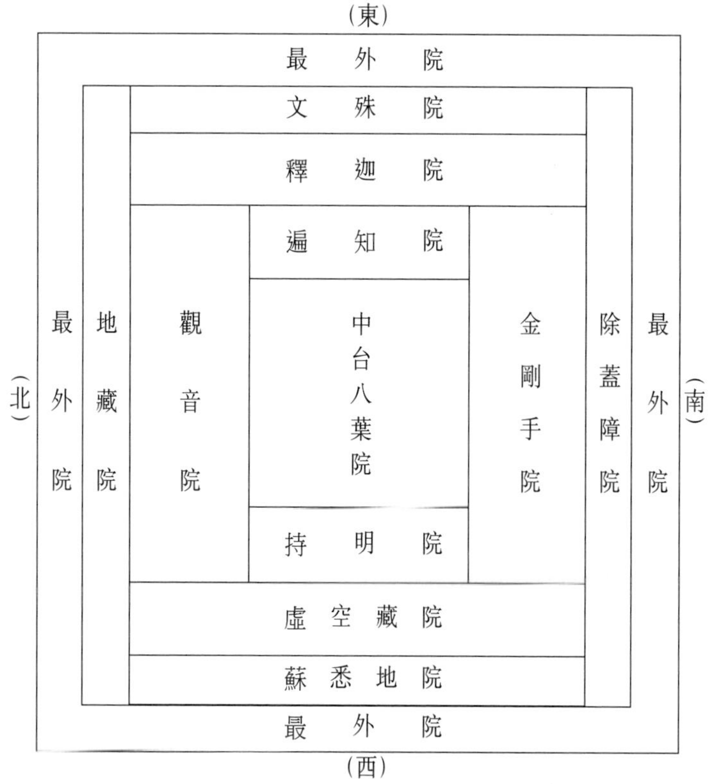
(東)
最外院
文殊院
釋迦院
遍知院
(北)
最外院
地藏院
觀音院
中台八葉院
金剛手院
除蓋障院
最外院
(南)
持明院
虛空藏院
蘇悉地院
最外院
(西)

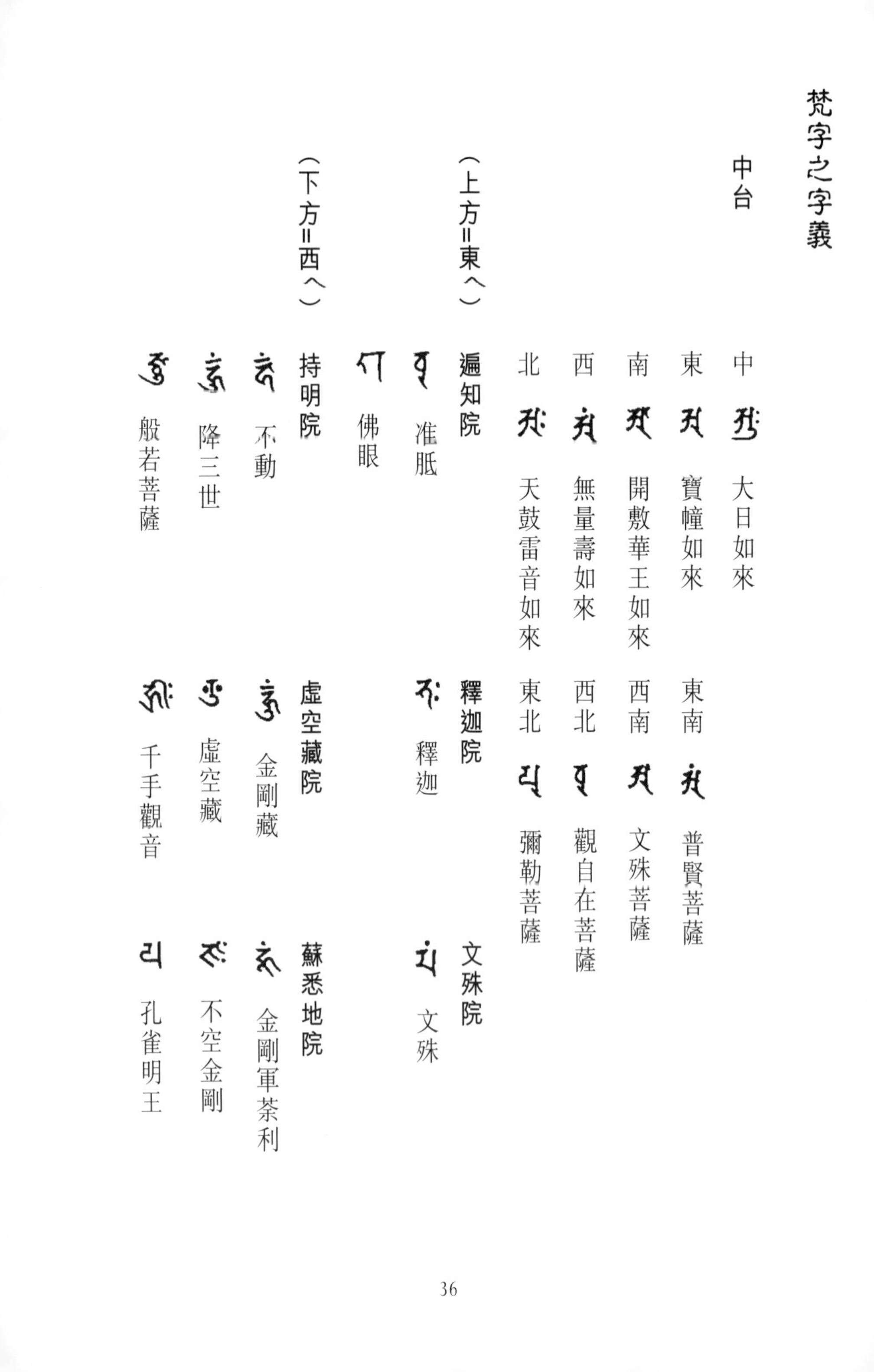

梵字之字義

中台

中　大日如來
東　寶幢如來
南　開敷華王如來
西　無量壽如來
北　天鼓雷音如來
東南　普賢菩薩
西南　文殊菩薩
西北　觀自在菩薩
東北　彌勒菩薩

（上方＝東）

遍知院
准胝
佛眼

釋迦院
釋迦

文殊院
文殊

（下方＝西）

持明院
不動
降三世
般若菩薩

虛空藏院
金剛藏
虛空藏
千手觀音

蘇悉地院
金剛軍荼利
不空金剛
孔雀明王

十一面觀音

（右＝南）

金剛手院

金剛菩薩

（左＝北）

觀音院

聖觀音

如意輪

地藏院

地藏

最外院

（上＝東）

日天

（右＝南）

焰摩天

火天

（下＝西）

水天

月天

風天

弁財天

廣目天

（左＝北）

多聞天

帝釋天

金剛界成身會曼荼羅

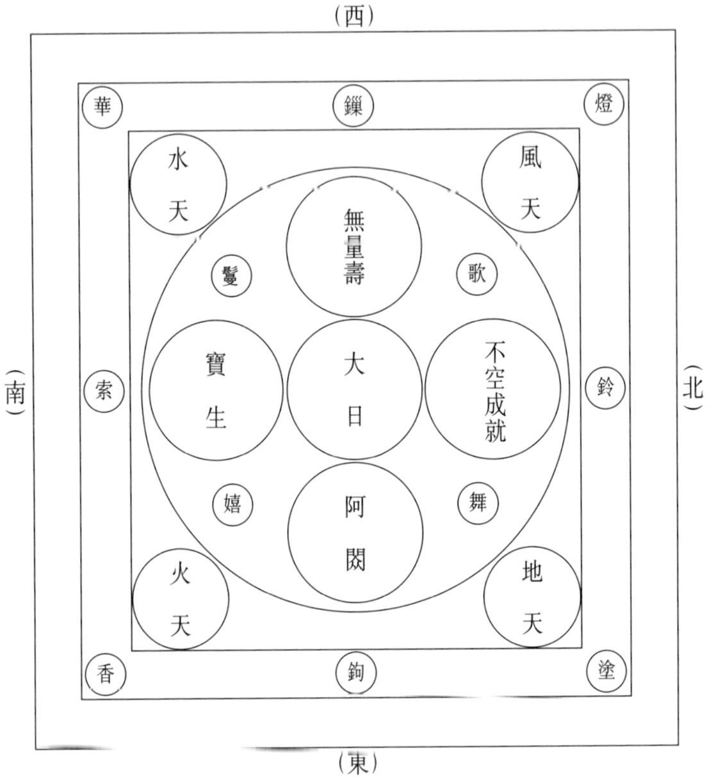

中 大日如來

（四波羅蜜菩薩）

東 阿閦如來

（四方四菩薩）

南 寶生如來

（四方四菩薩）

西 無量壽如來

（四方四菩薩）

金剛波羅蜜

法波羅蜜

金剛薩埵

金剛愛

金剛寶

金剛幢

金剛法

金剛因

寶波羅蜜

羯磨波羅蜜

金剛王

金剛喜

金剛光

金剛笑

金剛利

金剛語

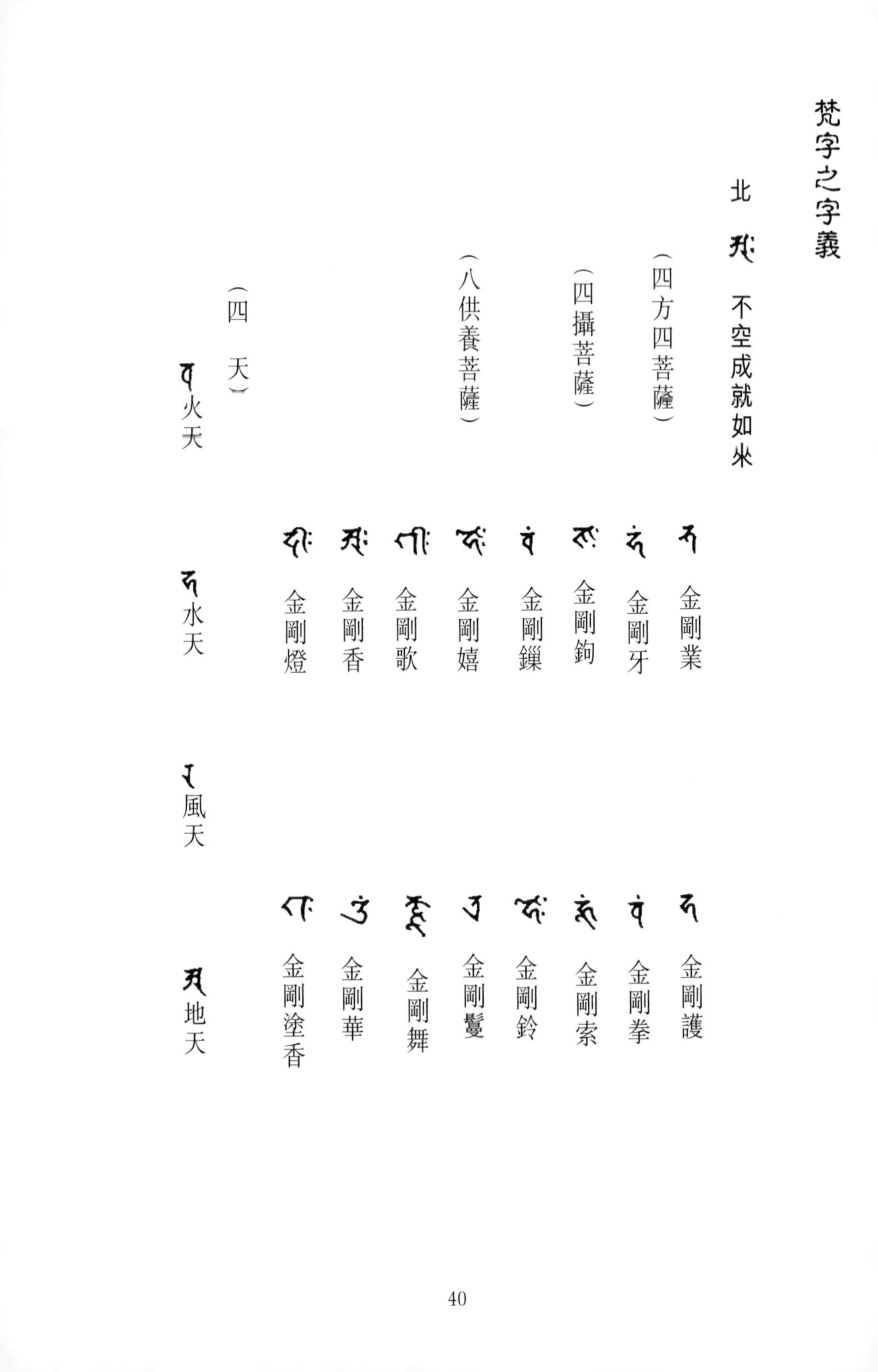

北　不空成就如來

（四方四菩薩）

金剛業
金剛護
金剛牙
金剛拳

（四攝菩薩）

金剛鉤
金剛索
金剛鏁
金剛鈴

（八供養菩薩）

金剛嬉
金剛鬘
金剛歌
金剛舞
金剛香
金剛華
金剛燈
金剛塗香

（四　天）

火天
水天
風天
地天

法華曼荼羅

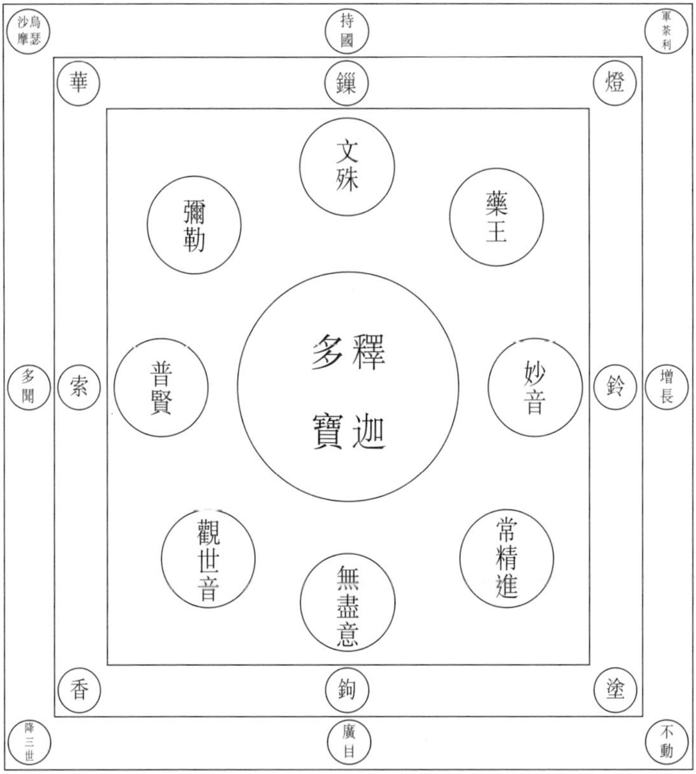
烏瑟沙摩
持國
軍荼利
華
鏁
燈
文殊
彌勒
藥王
釋迦多寶
普賢
妙音
多聞
索
鈴
增長
觀世音
無盡意
常精進
香
鉤
塗
降三世
廣目
不動

中台

- 釋迦如來
- 多寶如來
- 文殊菩薩
- 妙音菩薩
- 無盡意菩薩
- 普賢菩薩
- 藥王菩薩
- 常精進菩薩
- 觀世音菩薩
- 彌勒菩薩

初重

- 鉤菩薩
- 索菩薩
- 鏁菩薩
- 鈴菩薩
- 香菩薩
- 花菩薩
- 燈菩薩
- 塗香菩薩

二重

- 廣目天
- 多聞天
- 持國天
- 增長天
- 不動
- 降三世
- 烏瑟沙摩
- 軍荼利

諸尊種字代表揭記下：

𑖀 胎藏界大日如來　𑖥𑖿𑖨𑖳𑖽 一字金輪

𑖪𑖽 金剛界大日如來

𑖥𑖹 藥師　𑖀 日光　𑖓 月光

𑖥𑖾 釋迦　𑖦𑖽 文殊　𑖀𑖽 普賢

𑖮𑖿𑖨𑖱𑖾 阿彌陀　𑖭 觀音　𑖭𑖾 勢至

𑖭 聖觀音

𑖮𑖿𑖨𑖱𑖾 千手觀音

𑖎 十一面觀音

𑖮𑖿𑖨𑖱𑖾 如意輪觀音

𑖧𑖲 彌勒

𑖮 地藏

不動

愛染

四天王　持國天　增長天　廣目天　多聞天

十二天　日天　月天　梵天　地天

焰摩天　水天　多聞天　帝釋天

火天　羅剎　風天　自在天

胎藏界大日如來的種字(a)、密教根本教義一切法本不生(Ādi-anutpāda)、金剛界大日如來之種字(Vam)表示金剛界(Vajra)。

五

次為種字亦表示身體各部見『大日經』卷第五布字品

梵字之字義

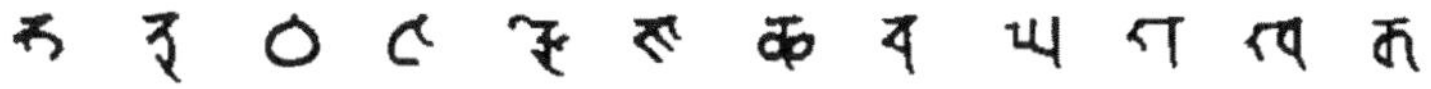

字	字義
迦字	咽下
佉字	齶上
誐字	頸
伽字	喉中
遮字	舌根
車字	舌中
若字	舌端
社字	舌生處
吒字	脛
咤字	髀
拏字	腰
荼字	坐

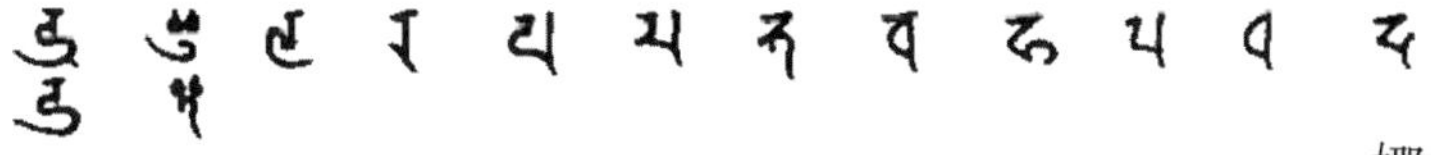

字	字義
娜字	二手
馱字	脇
波字	背
頗字	胸
麼字	二肘
婆字	臂下
莾字	心
耶字	陰藏相
囉字	眼
邏字	廣額
縊伊字	二背
塢烏字	二脣

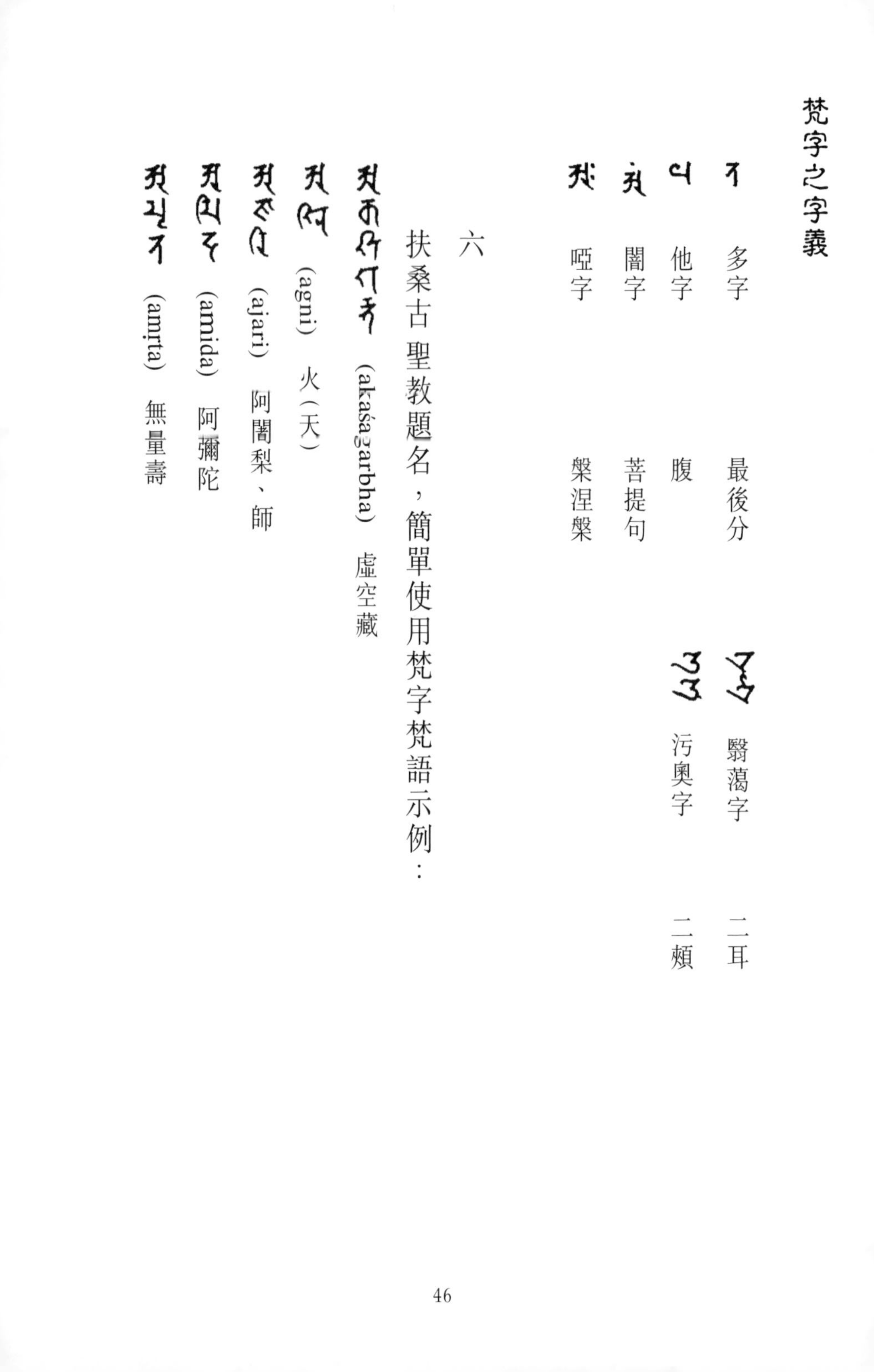

多字　最後分

他字　腹

闍字　菩提句

啞字　槃涅槃

翳蕩字　二耳

污奧字　二頰

六

扶桑古聖教題名，簡單使用梵字梵語示例：

(akaśagarbha)　虛空藏

(agni)　火（天）

(ajari)　阿闍梨、師

(amida)　阿彌陀

(amṛta)　無量壽

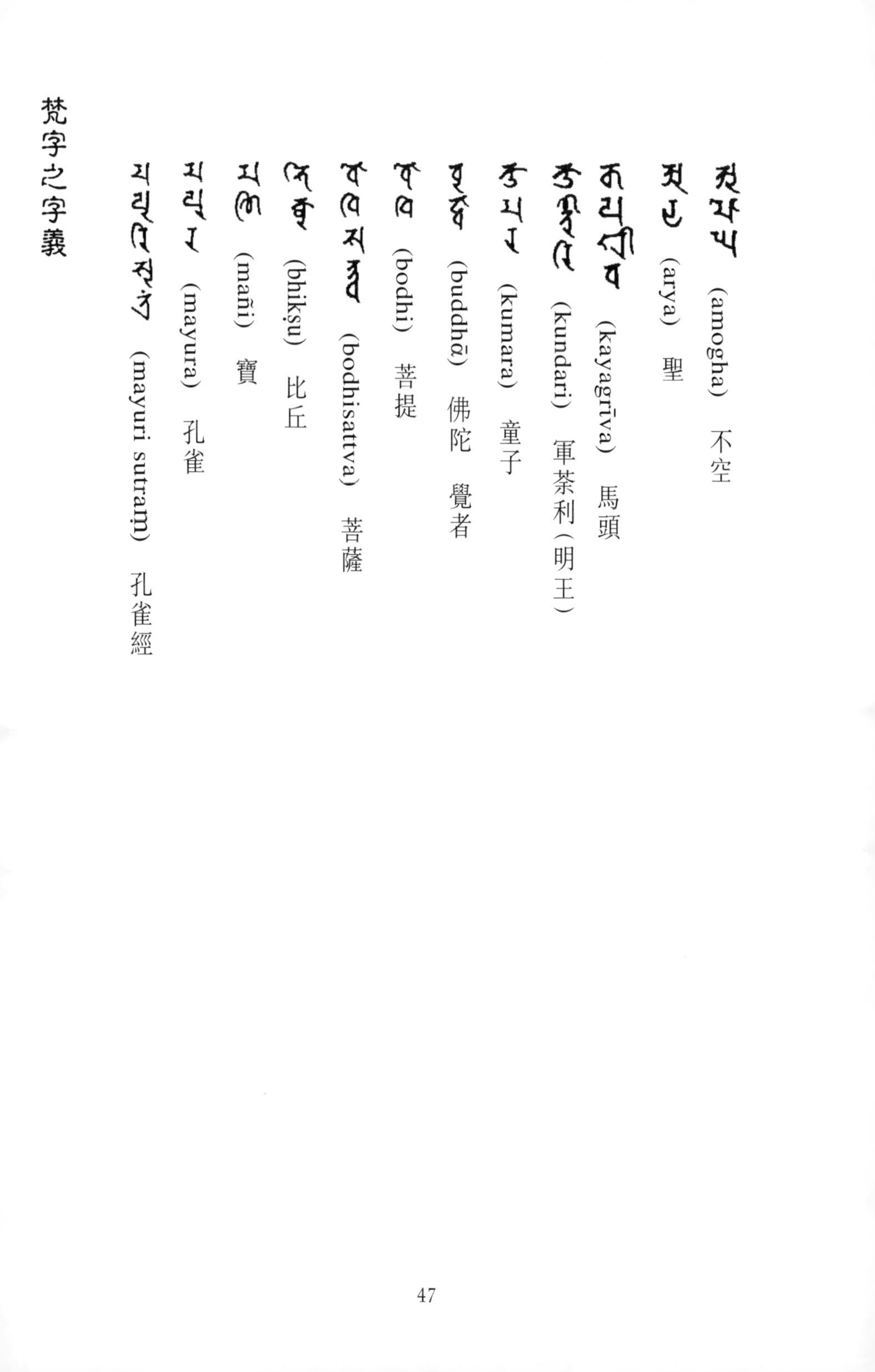

(amogha) 不空

(arya) 聖

(kayagrīva) 馬頭

(kundari) 軍荼利(明王)

(kumara) 童子

(buddhā) 佛陀 覺者

(bodhi) 菩提

(bodhisattva) 菩薩

(bhikṣu) 比丘

(mañi) 寶

(mayura) 孔雀

(mayuri sutraṃ) 孔雀經

梵字之字義

(maha) 大

(maha budhā ṣnīṣa) 大佛頂（菩薩）

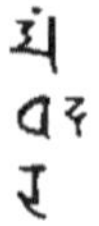
(maṃdhara) 曼荼羅

(kṣati garbha) 地藏（菩薩）

(garbha kuśa dhatu) 胎藏界

(guhya mitra) 密友

(cantra prabha) 月光（菩薩）

(cinta mañi) 如意寶珠

(tathāgata) 如來

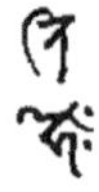
(tihoḥ) 持國（天）

(darañi) 陀羅尼

(deva) 天

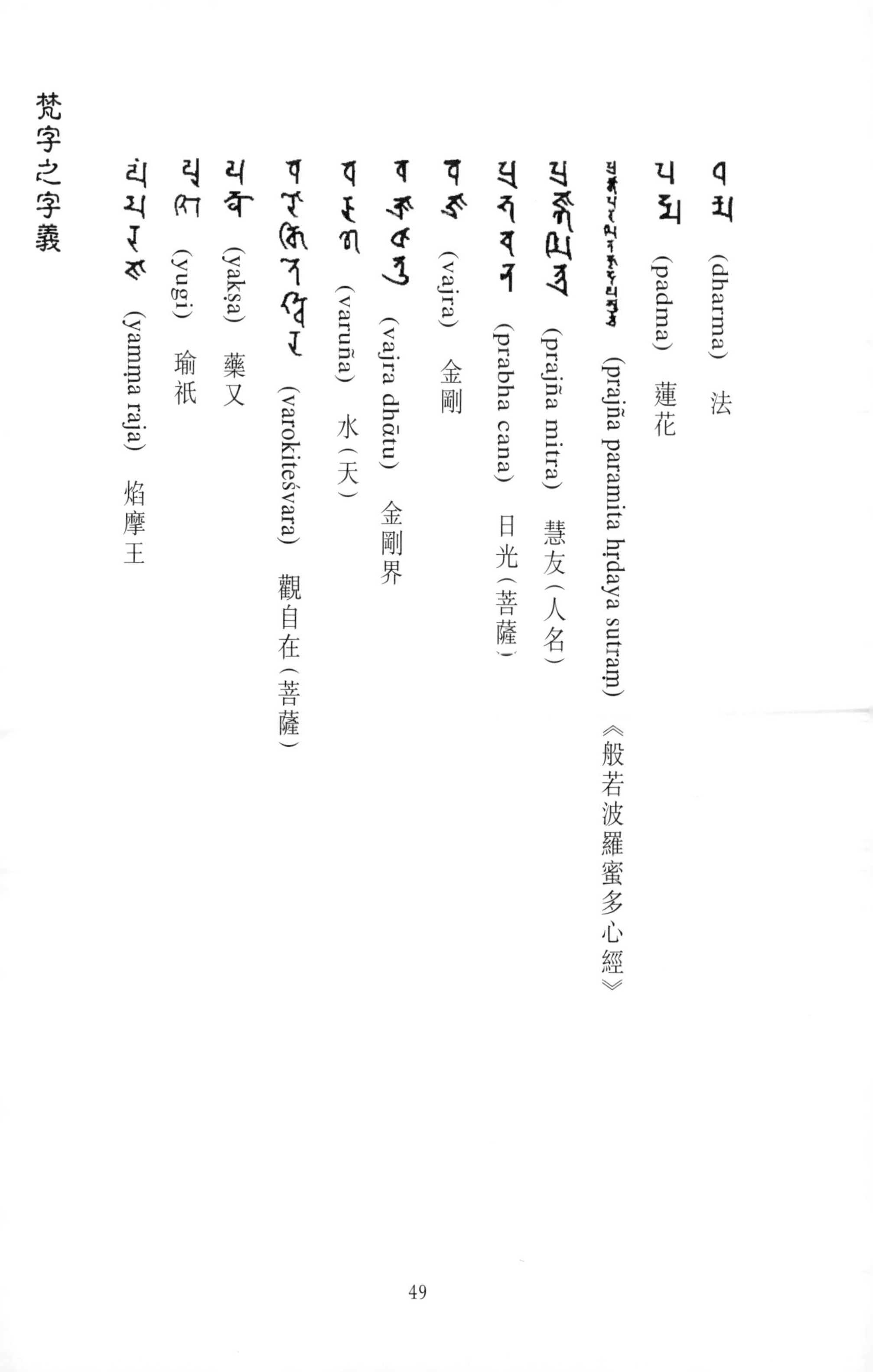

(dharma) 法

(padma) 蓮花

(prajña paramita hṛdaya sutraṃ)《般若波羅蜜多心經》

(prajña mitra) 慧友（人名）

(prabha cana) 日光（菩薩）

(vajra) 金剛

(vajra dhātu) 金剛界

(varuña) 水（天）

(varokiteśvara) 觀自在（菩薩）

(yakṣa) 藥叉

(yugi) 瑜祇

(yamṃa raja) 焰摩王

 (raga) 愛染（法）

 (śakya muni) 釋迦牟尼

 (śri) 吉祥

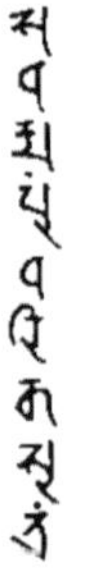 (sadharma pundharika sutraṃ)《妙法蓮花經（法華經）》

 (samaya) 三昧耶

 (siddhi) 悉地（成就）

 (siddhāṃ rastu) 悉曇章

 (sūtraṃ) 經

 (susidhi) 蘇悉地（妙成就）

 (hiu) 祈雨

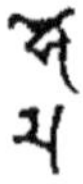 (homa) 護摩（法）

 (haḥ vaṃ) 覺鑁（人名）

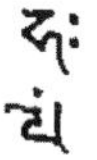 (ḥah yeṃ) 覺圓（人名）

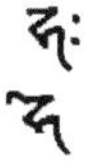 (haḥ he) 覺經（人名）

（以上參淳祐撰《石山七集》、《高山寺經藏典籍文書目錄》）。

本文大略摘採自大山仁快《梵字之字義》：關於梵字與悉曇之關係，請參看田久保周著《批判悉曇學》、《梵字貴重資料集成》解說篇。（東京美術，昭和56年初版）

梵字悉曇
字母表

一、摩多十二字

番號	悉曇文字	同異體	切繼點畫	漢字音訳	羅馬字表記	中天音	南天音	発音種別	字義
1				阿	α	ア	ア	以下六字單母音喉音	本不生不可得
2				阿引	ā	アー	アー	同	虛空
3				伊	i	イ	イ	顎骨	根
4				阿引	ī	イー	イー	同	災禍
5				塢	u	ウ	ウ	唇音	譬喩
6				污引	ū	ウー	ウー	同	損減
7				曀	e	エー	エ	以下四字複母音喉・顎	求

15	14	13		12	11	10	9	8
𑖇	𑖆	𑖅	二、別摩多四字	𑖀𑖾	𑖀𑖽	𑖍	𑖌	𑖋
	𑖆	𑖅			𑖀𑖽	𑖍	𑖌	𑖋
	𑖵	𑖴		涅槃点 𑖾	空点 𑖽	𑖼	𑖻	𑖺
侶	哩引	哩		惡	闇	奧	污	愛
ḷ	ṝ	ṛ		aḥ	aṁ	au	o	ai
リヨ	リー	リ		アワ	アン	アウ	オー	アイ
リ	キリ	キリ		アク	アン	オー	オ	エー
		以下四字流滑母音		止聲	隨韻	同	喉・唇	同
染	類例	神通		遠離	辺際	化生	瀑流	自在

番號	悉曇文字	同異體	切繼半體	漢字音訳	羅馬字表記	中天音	南天音	発音種別	字義
16	𑖉			嚧	ḹ	リヨー	リ	沈沒	

三、體文 三十三字

番號	悉曇文字	同異體	切繼半體（上部・下部）	漢字音訳	羅馬字表記	中天音	南天音	発音種別	字義
17	𑖎			迦	ka	キヤ	カ	以下五字喉音 清・無	作
18	𑖏		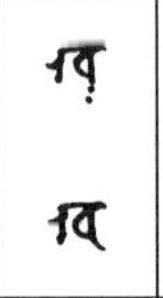	佉	kha	キヤ	カ	同・有	等
19	𑖐			誐	ga	ギヤ	ガ	濁・無	行
20	𑖑		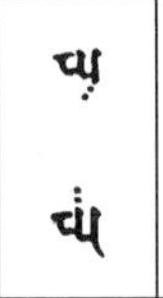	迦	gha	ギヤ	ガ	同・有	一
21	𑖒			仰	ṅa	ギヤウ	ガ	鼻音	支
22	𑖓			遮	ca	シヤ	サ	以下五字喉音 清・無	遷

31	30	29	28	27	26	25	24	23

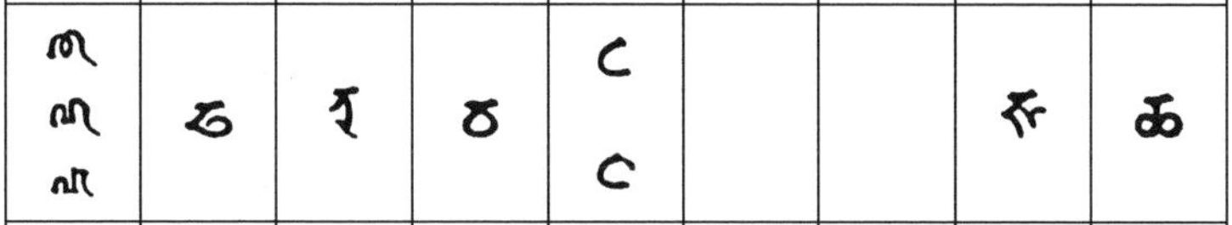								

拏	荼	拏	咜	吒	孃	酇	惹	磋
ṇa	ḍha	ḍa	ṭha	ṭa	ña	jha	ja	cha
ダウ	ダ	ダ	タ	タ	シヤウ（ニヤウ）	ジヤ	ジヤ	シヤ
ダ	ダ	ダ	タ	タ	ザ	ザ	ザ	サ
鼻音	同・有	濁・無	同・有	以下五字舌音 清・無	鼻音	同・有	濁・無	同・有
諤	執	怨	長	慢	智	戰	生	影

40	39	38	37	36	35	34	33	32
𑖥	𑖤	𑖣	𑖢	𑖡	𑖠	𑖟	𑖞	𑖝
				𑖡			𑖞𑖞 𑖞	𑖝
𑖥𑖿	𑖤𑖿	𑖣𑖿	𑖢𑖿	𑖡𑖿	𑖠𑖿	𑖟𑖿	𑖞𑖿	𑖝𑖿
𑖥	𑖤	𑖣	𑖢	𑖡	𑖠	𑖟	𑖞	𑖝
婆	麼	頗	跛	曩	馱	娜	他	多
bha	ba	pha	pa	na	dha	da	tha	ta
バ	バ	ハ	ハ	ナウ	ダ	ダ	タ	タ
バ	バ	ハ	ハ	ナ	ダ	ダ	タ	タ
同・有	濁・無	同・有	以下五字唇音 清・無	鼻音	同・有	濁・無	同・有	以下五字齒音 清・無
有	縛	聚沫	第一義諦	名	法界	施	住	如

49	48	47	46	45	44	43	42	41
𑖮	𑖭	𑖬	𑖫	𑖪	𑖩	𑖨	𑖧	𑖦
			𑖫		𑖩			
𑖮 𑖮	𑖭	𑖬	𑖫 𑖫	𑖪	𑖩	𑖨	𑖧	𑖦
𑖮	𑖭	𑖬	𑖫 𑖫	𑖪	𑖩	𑖨	𑖧	𑖦
賀	娑	灑	捨	嚩	邏	囉	野	莽
ha	sa	ṣa	śa	va	la	ra	ya	ma
カ	サ	シヤ	シヤ	バ	ラ	ラ（アラ）	ヤ	マウ
カ	サ	シヤ	シヤ	バ	ラ	ラ	ヤ	マ
			以下三字隔舌音				以下八字遍口聲 以下四字半母音	鼻音 以上五組廿五字 五類聲
因業	諦	性鈍	本性寂	語言（言説）	相	鹿染（垢）	垂	吾我

四、重字　二字

編號	50	51
梵字		

漢字	濫	灑乞
羅馬字	llaṁ	kṣa
片假名	ラン	キシヤ
	ラン	サ
說明	同體重 	異體重 
		盡

文殊問經字母品

文殊問經字母品 梵字以貝葉本行艸書分配補入南北二藏並闕

唐特進試鴻臚卿三藏沙門大廣智不空奉詔譯

爾時文殊師利白佛言。世尊。一切諸字母云何一切諸法入於此及陀羅尼字。佛告文殊師利。一切諸法入於字母及陀羅尼字。文殊師利。如稱𑖀阿上字時。是無常聲。稱𑖁阿引去字時。是遠離我聲。稱𑖂伊上字時。是諸根廣博聲。稱𑖃伊引去字時。是世間災害聲。稱𑖄塢上字時。是多種逼迫聲。稱𑖅汙引字時。是損減世間多有情聲。稱𑖆哩字時。是直輭相續有情聲。稱𑖇哩引字時。是斷染遊戲聲。稱𑖈嚧字時。是生法相聲。稱𑖉嚧字時是三有染相聲稱𑖊曀字時是超所求聲稱𑖋愛字時是威儀勝聲稱𑖌汙字時是取聲稱𑖍奧字時是化生聲稱𑖀𑖽暗字時是無我所聲稱𑖀𑖾惡字時是沈沒聲已上聲母一十有六字咯下四母宜改在未或濫四母俱未正虜誤力非是今正

稱𑖎迦上字時是入業異熟聲稱𑖏佉上字時是出一切法等虛空聲稱𑖐誐上字時是甚深法聲稱𑖑伽去字時是摧稠密無明闇冥聲稱𑖒仰字時是五趣清淨聲稱𑖓左字時是四聖諦聲稱𑖔瑳字時是不覆欲聲稱𑖕惹字時是超老死聲稱𑖖酇才舸切字時是制伏惡語言聲稱𑖗孃上字時是制伏他魔聲稱𑖘吒上字時是

斷語聲稱𑖙咤上字時是出置荅聲稱𑖚拏上字時是出
攝伏魔諍聲稱𑖛荼去字時是滅穢境界聲稱𑖜拏鼻聲呼
字時是除諸煩惱聲稱𑖝多上字時是眞如無間斷聲
稱𑖞佗上字時是勢力進無畏聲稱𑖟娜字時是調伏
律儀寂靜安隱聲稱𑖠馱字時是七聖財聲稱𑖡曩
字時是徧知名色聲稱𑖢跛字時是勝義聲稱𑖣頗
字時是得果作證聲稱𑖤麼字時是解脫繫縛聲稱
𑖥婆去字時是出生三有聲稱𑖦莽鼻聲呼字時是息憍慢
聲稱𑖧野字時是佛通達聲稱𑖨囉梨假切字時是樂不
樂勝義聲稱𑖩砢字時是斷愛支聲稱𑖪嚩無可切字時

是最上乘聲稱𑖫捨字時是出信進念定慧聲稱𑖬灑上字時是制伏六處得六神通智聲稱𑖭娑字時是現證一切智聲稱𑖮賀字時是害煩惱離欲聲稱𑖎𑖿𑖬乞灑二合字時是一切文字究竟無言說聲已上字母三十有四字

文殊師利此謂字母義一切諸字入於此中卬誤作仰

文殊問經字母品

瑜伽金剛頂經釋字母品

瑜伽金剛頂經釋字母品

大興善寺三藏沙門廣智不空奉　詔譯

𑖀遏字門。一切法本不生故。𑖁阿引字門。一切法寂靜故。𑖂壹字門。一切法根不可得故。𑖃翳引字門。一切法災禍不可得故。𑖄嗢字門。一切法譬喻不可得故。𑖅污引字門。一切法損減不可得故。𑖆哩字門。一切法神通不可得故。𑖇棃字門。一切法類例不可得故。𑖈魯字門。一切法染不可得故。𑖉盧字門。一切法沉沒不可得故。𑖊伊字門。一切法求不可得故。𑖋愛引字門。一切法自在不可得故。𑖌鄔字門。一切法瀑流不可得故。

瑜伽金剛頂經釋字母品

𑖌奧引字門。一切法化生不可得故。𑖀𑖽暗字門。一切法邊際不可得故。𑖀𑖾惡字門。一切法遠離不可得故。𑖎葛字門。一切法離作業故。𑖏渴字門。一切法等虛空不可得故。𑖐哶引五割切字門。一切法行不可得故。𑖑竭字門。一切法一合不可得故。𑖒誐迎可切字門。一切法支分不可得故。𑖓拶左末切字門。一切法一切離遷變故。𑖔㩃七曷切字門。一切法影像不可得故。𑖕惹仁左切字門。一切法生不可得故。𑖖嵳昨何切字門。一切法戰敵不可得故。𑖗倪倪也切字門。一切法智不可得故。𑖘吒陟轄切字門。一切法慢不可得故。𑖙詫丑轄切字門。一切法長養不可得故。

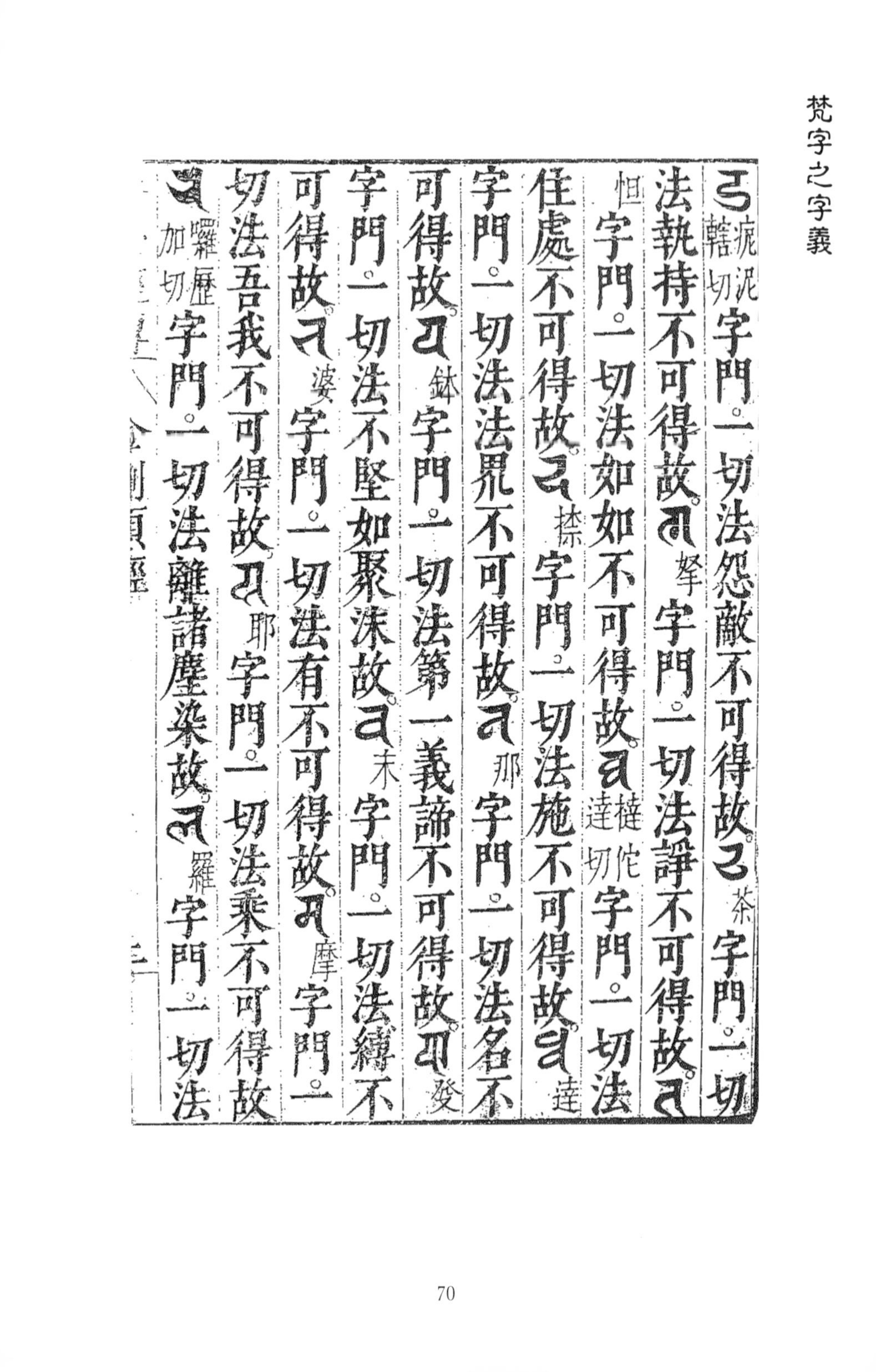

痆泥轄切字門一切法怨敵不可得故荼字門一切法執持不可得故拏字門一切法諍不可得故怛字門一切法如如不可得故撻佗達切字門一切法住處不可得故捺字門一切法施不可得故達字門一切法法界不可得故那字門一切法名不可得故鉢字門一切法第一義諦不可得故發字門一切法不堅如聚沫故末字門一切法縛不可得故婆字門一切法有不可得故摩字門一切法吾我不可得故耶字門一切法乘不可得故囉歷加切字門一切法離諸塵染故羅字門一切法

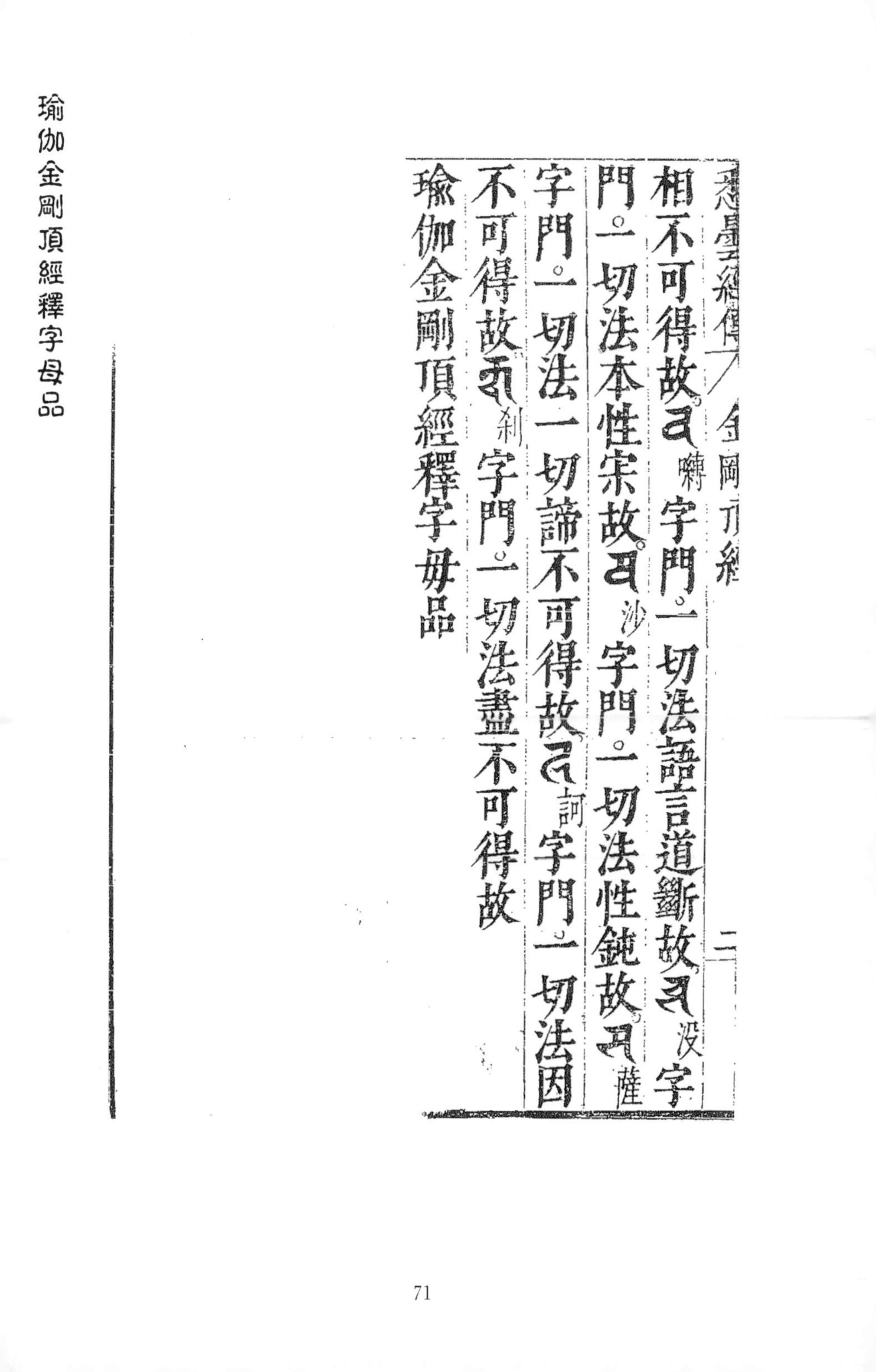

相不可得故嚩字門一切法語言道斷故沒字
門一切法本性寂故沙字門一切法性鈍故薩
字門一切法一切諦不可得故訶字門一切法因
不可得故剎字門一切法盡不可得故

瑜伽金剛頂經釋字母品

字母總持引

字母總持引

燕山沙門仁淳僎集　寒山迦羅越趙宧光校

字母爲文字之門以總持諸梵書故一切文字由之而生因名曰母據大藏顯密經論無慮數本但句有前後字有多少增損不同惟華嚴字母流行於世然不得其根原雖唱和者衆而不知其所以爲字母何以立名何以爲用何以取法因昔人譯成唐言遂失其傳余嘗質諸西僧始知字母出生之法諸經論中惟金剛頂字母句數完全取爲成式又采貝葉眞楷梵字轉讀之法錄爲法喜餘樂且總持教中斯爲關

鍵學者不可不知將開列字母諸條于左先爲之引
云

一曰梵書敘權輿也
二曰字體表眞艸斧字也
三曰窮原殼之形相各有出生之地也
四曰轉變字之生息也
五曰十二轉生化譜圖也
六曰讀法殼之滋息也
七曰黃鐘比量華梵也
八曰答問釋疑塵也

梵書

梵書者猶此方之古篆其來久矣自住劫初光音天人來遊世間駕金輪以飛行食香稻而住世宣清梵八轉之音弘正益十善之法四姓拳奉八部尊行洎乎四輪繼轉遞代繩承迄於周昭歷九減劫太子悉達是其苗裔尚是以學堂初唱童子悟眞善埶宣時聞登慧晰書之貝葉名爲梵字千古楷定五印流行佗方國土字法雖殊盡從此出也

字體　大小二梵三體書竝橫讀從左而右今從此方直讀右轉

正變二一家猶此方之眞艸譯文亦小有異列之左方。

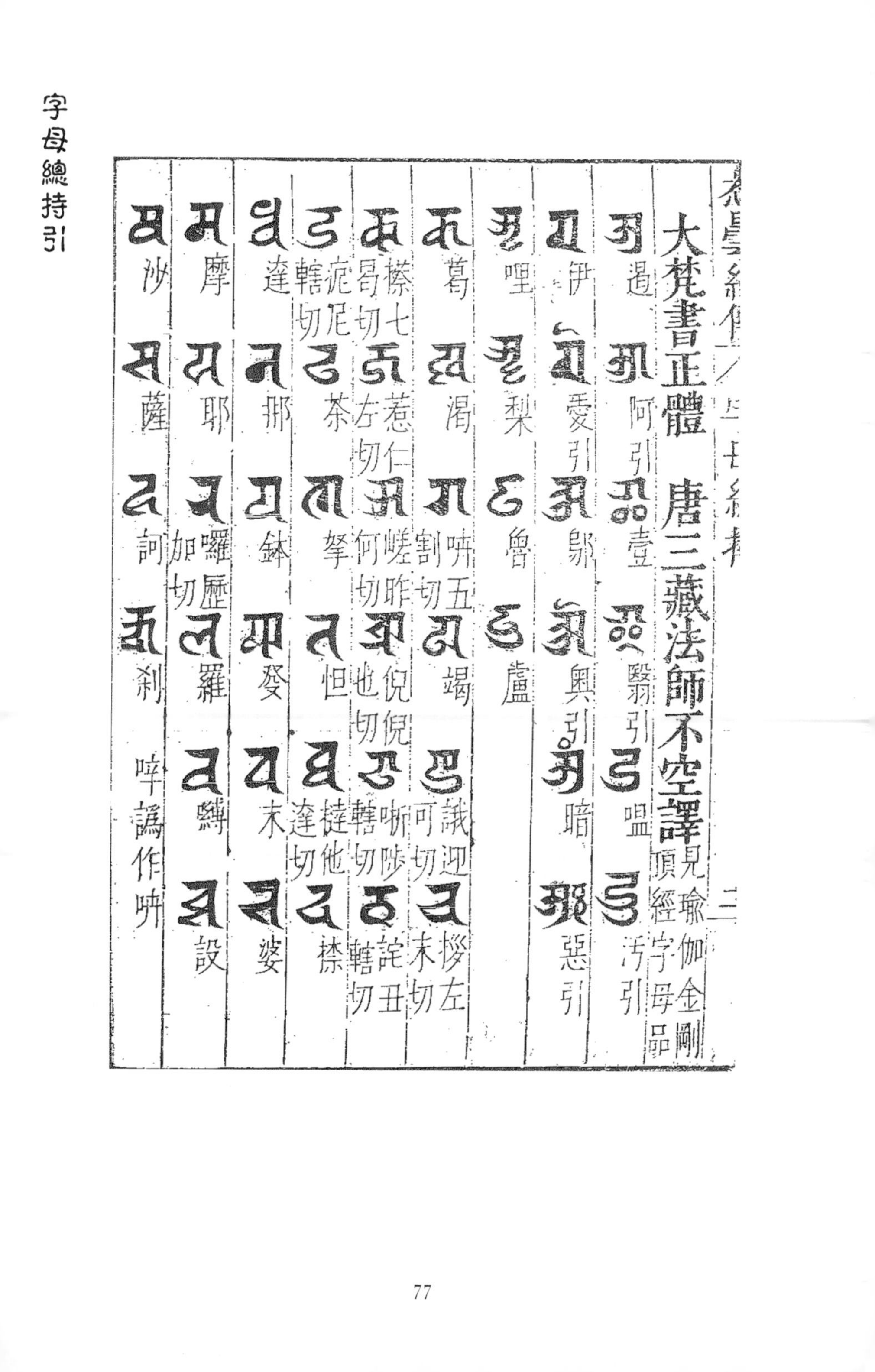

大梵書正體 唐三藏法師不空譯

見瑜伽金剛頂經字母品

遏 阿引 壹 翳引 嗢 污引

伊 愛引 鄔 奧引 暗 惡引

哩 梨 魯 盧

葛 渴 吽五割切 竭 誐迎可切 撈左末切

攃七哥切 惹仁左切 嵯昨何切 倪倪也切 哳陟轄切 詫丑轄切

痆尼轄切 茶 拏 怛 撻他達切 捺

達 那 鉢 癹 末 婆

摩 耶 囉歷加切 羅 縛 設

沙 薩 訶 刹 哞譌作吽

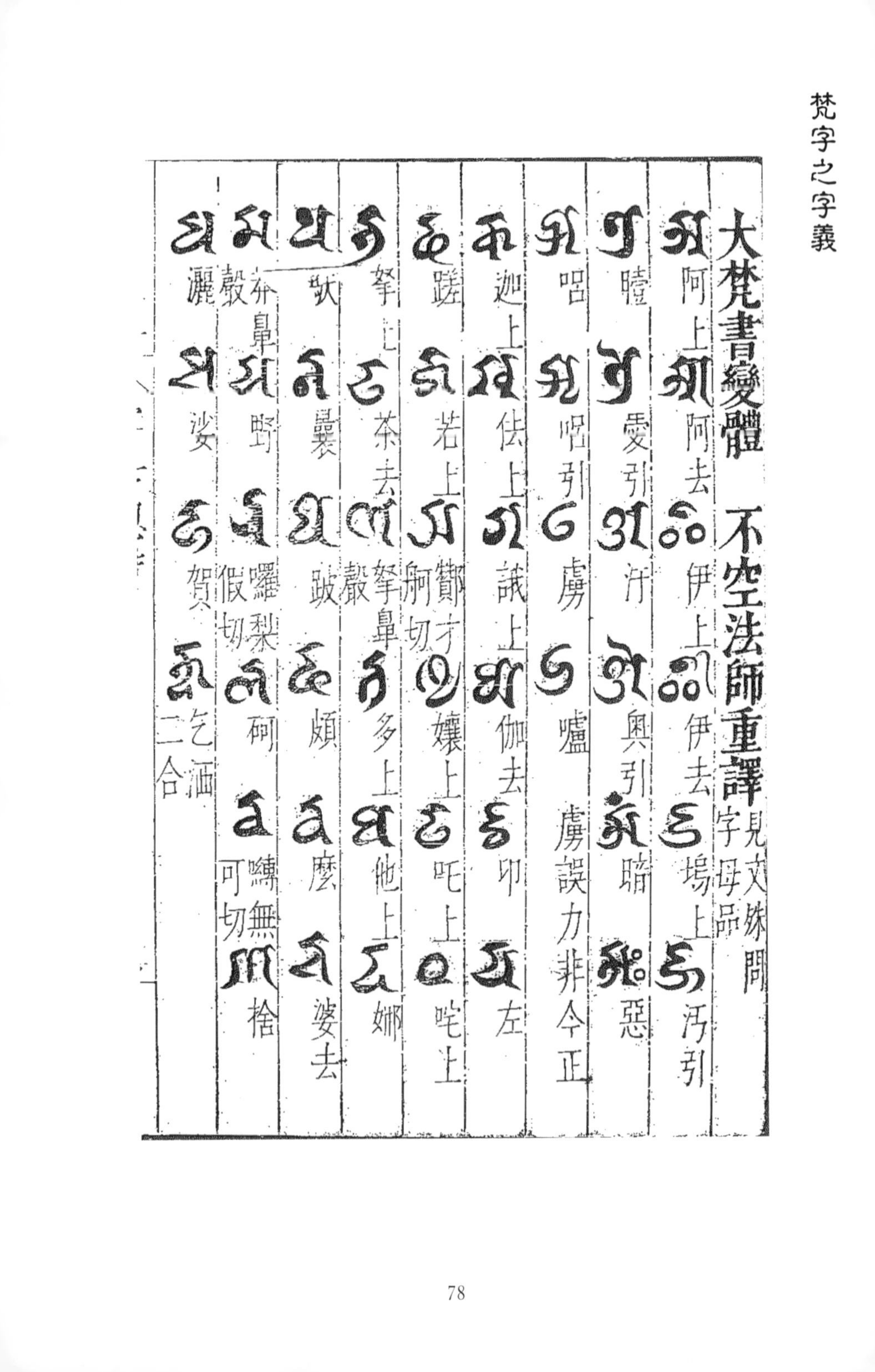

大梵書變體　不空法師重譯 見文殊問字母品

阿上　阿去　伊上　伊去　塢上　汚引

曀　愛引　汙　奧引　暗　惡

呾　呾引　虜　嚧　虜誤力非今正

迦上　佉上　誐上　伽去　卬　左

蹉　若上　酇才舸切　孃上　吒上　咤上

拏上　荼去　拏鼻瞉　多上　他上　娜

馱　曩　跛　頗　麼　婆去

莽鼻瞉　野　囉梨假切　砢　嚩無可切　捨

灑　娑　賀　乞洒二合

烏思藏小西天字母 止三十字

ཀ ཁ ག ང ཅ ཆ

ཇ ཉ ཏ ཐ ད ན

པ ཕ བ མ ཙ ཚ

ཛ ཝ ཞ ཟ འ ཡ

ར ལ ཤ ས ཧ ཨ

聲原

竊以至音絕響宗萬籟於無垠大象非形泯森羅於一體然而不思議應應徧諸身祕密而分迹周塵界於是圓元之一畫爲色聲之二形質一兆萬法俱生故清爲聲濁爲色色質礙故異聲虛通故同同者一聲所謂阿聲異者五色謂齶牙唇齒鼻也一同而應五異則轉折而爲六聲矣所以機動於中氣申於外擊物而響方有其聲聲之初出惟一阿聲故嬰兒落地卽出此聲是爲文字之原音聲之本字母以阿字爲初良有以也其次則聲漸轉舒因形異而聲亦異

是故聲在喉中。開口而出曰阿。即此聲引而呼之爲阿引。沿上齶微合而升曰伊。引之爲伊引。遇脣微合而呼曰塢。引之爲汚引。遇下齶而沈曰伊。引之爲愛。遇齶牙開轉曰鄔。引之爲奥。遇閉口喉音轉出鼻中曰暗。遇喉齶縮音下轉爲噁。是爲阿聲應轉之一終。以分曲直長短。故數有十二。則一聲轉爲十二聲也。全聲十六後省其四 長短微異。和緩是同。皆清聲也。其文從五色而出者。則爲比聲。咢音五迦佉誐伽仰。舌齒音五左蹉若鄭孃。上聲 齒音五吒咤拏荼拏。上聲 舌音五多佗娜馱曩。脣音五波頗麼婆莽。五類共二十五聲。輕重雖異勁急是同皆濁聲也中音有九耶囉羅嚩捨灑娑訶乞洒二合則不同前六亦異後五在二者之間兼上五類共三十四字是則一聲攝於異形隨聲彈屈伸而轉復成二十四聲矣此爲字母前十二爲聲母隨聲轉皆如聲聲數又得四百八字自此以往音聲之道演出無窮則一音而爲萬音無有窮也達音聲之道者遡派窮源見本初字萬音而爲一音矣至於本末亡形名絕烏謂乎一也萬也一爲萬也萬爲一也非一也非萬也非非一也非非萬也離諸對待不可思議舉足聲音指顯示密印之門謦欬語言皆轉總持

之句暎末入斯門請唱阿字

轉變

字母者梵書之原也一切梵字皆從此生有五十字初阿阿引等十六字爲聲次迦佉等三十四字爲母母與聲合相因而轉之母經也體也故陰而靜聲緯也用也故陽而動體靜故形同用動故音異體用合經緯變而文字生焉音聲出焉故所出之字非卽母聲不異母聲卽二者之應聲也至於二母相合二音叶轉而支分派別流出無窮之聲經中有牟字有滿字牟字悉檀字母也滿字卽合變所成者也牟字如

☰乾☷坤單卦之類滿字如䷋否䷊泰重卦之類滿字中有二合者三合者至六合而止字至六合數已無窮此梵書之大槩也略示初章十二轉音如左知此則無盡梵音思過半矣經中名為大海陀羅尼以字母統攝梵字如海納流故亦名般若波羅密門以從此悟入慧門故論云字陀羅尼為諸陀羅尼門故知天竺諸陀羅尼五部文句皆從此出乃至震旦等韻七音之學亦原出於此貫徹六合者其圓音之謂乎

梵音十二轉圖

聲 阿上 阿引去 伊上 伊引去 塢 汙引 曀 愛引 鄔 奧引 暗 惡引

母

迦上 佉上 誐上 伽去 仰 左 蹉 若

二十

酇	孃	吒	咤	拏	荼	拏	多	他	娜
	上	上	上	上	去	鼻聲	上	上	

馱	𑖠	𑖠𑖯	𑖠𑖰	𑖠𑖱	𑖠𑖲	𑖠𑖳	𑖠𑖸	𑖠𑖹	𑖠𑖺	𑖠𑖻	𑖠𑖽	𑖠𑖾
曩	𑖡	𑖡𑖯	𑖡𑖰	𑖡𑖱	𑖡𑖲	𑖡𑖳	𑖡𑖸	𑖡𑖹	𑖡𑖺	𑖡𑖻	𑖡𑖽	𑖡𑖾
跛	𑖢	𑖢𑖯	𑖢𑖰	𑖢𑖱	𑖢𑖲	𑖢𑖳	𑖢𑖸	𑖢𑖹	𑖢𑖺	𑖢𑖻	𑖢𑖽	𑖢𑖾
頗	𑖣	𑖣𑖯	𑖣	𑖣	𑖣𑖲	𑖣	𑖣	𑖣	𑖣	𑖣	𑖣	𑖣
麼	𑖤	𑖤	𑖤	𑖤	𑖤	𑖤	𑖤	𑖤	𑖤	𑖤	𑖤	𑖤
婆(去)	𑖥	𑖥𑖯	𑖥𑖰	𑖥𑖱	𑖥𑖲	𑖥𑖳	𑖥𑖸	𑖥𑖹	𑖥	𑖥	𑖥𑖽	𑖥𑖾
莽(鼻聲)	𑖦	𑖦𑖯	𑖦𑖰	𑖦𑖱	𑖦𑖲	𑖦𑖳	𑖦𑖸	𑖦𑖹	𑖦𑖺	𑖦𑖻	𑖦𑖽	𑖦𑖾
野	𑖧	𑖧𑖯	𑖧𑖰	𑖧𑖱	𑖧𑖲	𑖧𑖳	𑖧𑖸	𑖧𑖹	𑖧𑖺	𑖧𑖻	𑖧𑖽	𑖧𑖾
囉(梨假)	𑖨	𑖨𑖯	𑖨𑖰	𑖨𑖱	𑖨𑖲	𑖨𑖳	𑖨𑖸	𑖨𑖹	𑖨𑖺	𑖨𑖻	𑖨𑖽	𑖨𑖾
砢	𑖩	𑖩𑖯	𑖩𑖰	𑖩𑖱	𑖩𑖲	𑖩	𑖩𑖸	𑖩	𑖩𑖺	𑖩𑖻	𑖩	𑖩𑖾

嚩（無可）	𑖪	𑖪𑖯	𑖪𑖰	𑖪𑖱	𑖪𑖲	𑖪𑖳	𑖪𑖸	𑖪𑖹	𑖪𑖺	𑖪𑖻	𑖪𑖽	𑖪𑖾
捨	𑖫	𑖫𑖯	𑖫𑖰	𑖫𑖱	𑖫𑖲	𑖫𑖳	𑖫𑖸	𑖫𑖹	𑖫𑖺	𑖫𑖻	𑖫𑖽	𑖫𑖾
灑	𑖬	𑖬𑖯	𑖬𑖰	𑖬𑖱	𑖬𑖲	𑖬𑖳	𑖬𑖸	𑖬𑖹	𑖬𑖺	𑖬𑖻	𑖬𑖽	𑖬𑖾
娑	𑖭	𑖭𑖯	𑖭𑖰	𑖭𑖱	𑖭𑖲	𑖭𑖳	𑖭𑖸	𑖭𑖹	𑖭𑖺	𑖭𑖻	𑖭𑖽	𑖭𑖾
賀	𑖮	𑖮𑖯	𑖮𑖰	𑖮𑖱	𑖮𑖲	𑖮𑖳	𑖮𑖸	𑖮𑖹	𑖮𑖺	𑖮𑖻	𑖮𑖽	𑖮𑖾
乞灑（二合）	𑖎𑖿𑖬	𑖎𑖿𑖬𑖯	𑖎𑖿𑖬𑖰	𑖎𑖿𑖬𑖱	𑖎𑖿𑖬𑖲	𑖎𑖿𑖬𑖳	𑖎𑖿𑖬𑖸	𑖎𑖿𑖬𑖹	𑖎𑖿𑖬𑖺	𑖎𑖿𑖬𑖻	𑖎𑖿𑖬𑖽	𑖎𑖿𑖬𑖾

母隨聲變通十二轉。則一母生十二字。三十四母共成四百單八字。若加一字合其上。則為二合字。復有前數之多。二合多種。不能具明。乃至五六合。然梵音只可口授。不然多謬。蓋梵書一字具十二音。華言一字

只具四聲尚無全者（如中字有平去聲無上入聲令與長等皆四聲不全之類）若翻成華字反致淆亂因震旦宗於象形天竺貴乎聲明聲不可以形求故也

讀法

梵書字字有本聲聲相生初則聲隨形變而爲諸母次則母隨聲轉而成諸字反復相因皆可尋究若欲讀時先知何母次知何聲乃以母字隨聲而呼之如迦字上加伊聲即呼雞字即迦伊反雞字也迦字上加塢聲即呼古字即迦塢反古字也又如囉字上加伊（引）聲即呼唎字囉字上

加[梵字]唵轂即呼[梵字]藍字其餘例此可知一一皆然故昔人見梵書中此法乃倣之作反切以二字爲切腳添入字書中世遂流行迄今而爲切韻及等子字母之類皆出於梵書但華梵不无少異蓋秦漢以前元無反切諸字書中惟直音讀若取其近佀而已

觀黃鐘

觀夫中原律呂之本起自黃鐘黃鐘生十二律十二律還相爲宮而成六十調然則六十調即十二律十二律即一黃鐘也是知黃鐘一轂爲萬轂之元轂氣之中和純粹者也竊謂字母之變略佀乎此何者如

一阿㲉生十二㲉又復生出三十四母。三十四與十二互爲經緯。復生出三百七十四子㲉兼母三十四共爲四百單八字然則四百八即十二十二即一。一者阿也是知阿㲉者爲衆㲉出入之門。抑亦黄鐘之謂乎。但有執受不執受之爲異耳注律竹无知爲不執受㲉脣舌等有知是爲執受㲉也見惟識論又有重平㲉不重爲異十二律皆可以爲宫皆可以爲商故多重㲉字母則不然雖四百八㲉无一重者惟阿㲉爲元是故律呂調而陰陽和。梵音諧而天人感方域雖殊。理無二致。故比之黄鐘類也

字母答客問

或問曰若以色見我以音聲求我是人行邪道不能見如來今以字母轉聲之道而示人寧免著聲色之誚乎余應之曰色相非是佛音聲亦復然亦不離色聲見佛神通力獨非佛語乎凡愚妄執聲色則墮常見若執離色聲則又沈斷滅而如來果以相好嚴身梵音演法故見正法者不應說法斷滅相如陳那比丘聞佛音聲而獲四果觀音大士入流亡所而證圓通善財唱阿字而入般若香嚴聽竹響以明本心以至樓子歌聲樁頭哀語月夜畫龜鳴欄上雞叫溈山

呵呵雲門鑒咦大地出琴聲應乾王之奏樂鶖起從
前物蓋趙老之聞雷此等聲色是乎非乎烏呼聖賢
即此而明心見道凡庸即此而惑倒沈淪故佛言如
我按指海印發光汝暫舉心塵勞先起譬之于火智
者熟食而除冥觸者返燒其手矣又譬之水智者飲
漱而灌濯投者返溺其身矣夫水火何嘗有意於損
益哉故知境無好惡縛解從心耳經云諸法從本來
常自宋滅相治世語言皆與實相不相違倍而梵音
盜非實相哉如是則靈山一會儼然未散而圓音落
落竟徧十方虛空矣何者是聲何者非聲哉

學悉曇記

宦允髫季得四聲等子于先大夫齋閣始而不知其誰何徐玩其字關嚴具井井不紊若有所遇乃知前賢嚴韻之學補不足以示人之妙于是必知其奇書而莫能成讀也因持以請之先處士先子曰此吾州刺史劉君所刻翻西竺之祕文續東土之絕學寄无文于有位屬有嚴于无形千秋奇韻萬國同文盡從刺史發之不可不通其蔽也汝求其學尚有佗書爲之引導不得彼此發明終然聾瞶耳于是再揆故篋得門法玉鑰于敝籍中亦劉本也間有釋氏語由是

三、九十三

求之名宿中人。遭蜀僧慧鐙。得其教本一二。視劉刻小有出入。不大相遠。講論數日。稍知下手。終不能見其根原。知前所謂玉鑰者。啻與之鉤鉗。非門闌之鎖匙也。遂弃去。更覓最上名流。往往相過者一皆鐙儕。及癸巳冬。將爲先君子施焰口法供。時難其人。吳居士示我。延致北地文公持誦眞言。廣長梵貝。非他僧比。一不肯側聆下風。歎未曾有。遂託淨侶之亞試。卽前書。公卽未能嚴習而亦大自究心。聞所未聞。十常八九。且云此道非華法。五天之學。知者蓋尠。眞宗有漳公者。其學十過于我。彼時禁足他山。未可猝遇。候公解制。子其卒業。于時思見淳公。旦暮遇之矣。次季訪居士于講堂。因求公蹤蹟。居士云。制期近矣。日且相過。余之思之。与子偕積。語未畢。有一行腳洒足堂下。問其名。郎公也。三人相視。契若宿諾。繼此有鷲師者。烏思藏比丘也。善彈小西天字母。時遭多故。而居士謝世。公亦朝禮補陀。不肖負土山中。无有寧軌。別二季所。一日。公偕笈且至。謂余云。從是南行。不遠數千由舍。還來此土。无可久要。將与子分有泉石。能以一加沙相借。足矣。不肖擊額欣抃。訂期結茅紫泥淵上。曰法[illegible]菴。公隨以大梵題額。達摩商佉。日月相將。雙確華梵自戊戌迄壬寅幾傾武庫學非三藏時同五載時以公故每有剌麻頭陀奉悉曇相示以故嚴明梵冊大藏所不載者亦歸吾山中一日公將振錫他山留不可得辭曰前有成言三手爲期今稘四改矣同心遭遇不覺逾時也亦猶虎谿之過歟豈堪留戀以速多謗樹下一宿有慙昔賢遂入西目春秋遄邁日月悠悠恐此道之終昧形骸若寄願斯文之常懸惠公每云門法妄設後人之過舉至若就形一類尤屬諺戾可无一言輓其末法乎由是以等韻諸文剌其所長裁其所短作發凡第一以內典諸文外典各

母兼收竝錄。作悉曇第二。以舊等排攝仍其規制。正其舛俗。作巽定第三。窮其音韻。會其唐梵。作五聲表第四。削其无形。就吾方俗。作四聲表第五。韻學散敵。古今離俗。今悉采之。作通韻第六。欲而題之。曰悉曇經傳。若夫字義諸書。詳之佗牒。不在是也。殺青未竟。公遣行者持致金剛頂字母及梵音十二轉表來自西目。視昔再加釐正。其互有幽入者。乃兩存之。若顯誤者。則竄易之。皆金剛力也。十二轉者。即十六聲母。華梵攷詳。或全或闕。昔公亦不能无疑。及讀瑯琊氏藝苑。弇州爲典屬國時。官家具有其法。略爲鈔摘。其

四〇九

言以爲後四母音轂微密。彼此難辨。東土舌強澀歸佗母。以故西來貝多。每爲刪削。是則十二十六。无他意義。惟不爲用者表不具耳。于是一如公本。謄入前書。隨取攝拖聲梵言苾馱明梵言梵本。請公翻譯。公昔極言翻譯稍譌。无豈罪過。故不強其所難。不肖以爲舉爾所知。置其疑義。未爲不可。不然。後之君子。能通譯者未必能通音。能通音者未必能通梵。一日暹翻。一日法閑。流通法藏。豈宜佗委。此本首題元樂二季姚廣孝監譯。則知內有華本。竟不知何義不賜入藏。求之多方。內外二廠悉不可得。願公小下丹鉛。大宣聲教爲悉曇大輅道路一通人人得見陀邪眞僞時時得聆廣長妙音其功其過必有能定其重輕者即有疑義不妨詮易訂正于他時于是纂述之意无遺悃矣。

寒山老人曰。爾聖經者外典冊。守律藏者謝華文即釋氏本教。而亦審音者難于義求義者薄于音即復兼賅者。亦且南風鴂舌。北調不强。東音口不能彈西語舌傷于卷獨吾浡公。北產而久居南國西參而東人多與得之。刺膩參之韻主。博于大藏正于微心東方偏音而變東爲新聲所尚見謂比越調則直而和雅。校吳音又滿而不韮。可以調四國。補儿風不肖幸生海曲。習業吳趨。與公周旋復非一日。參華梵辨南北。補聲文。佐儒釋。各出所長。始得大備。偶然遭遇若鬼神使之。成就後世。假手兩人耳。不然。闕一不可。常曰非人之所能為也。天也。于是為之記。時萬曆丙午秋日吳郡趙宧光書于寒山之小宛堂

梵字悉曇字母
并釋義

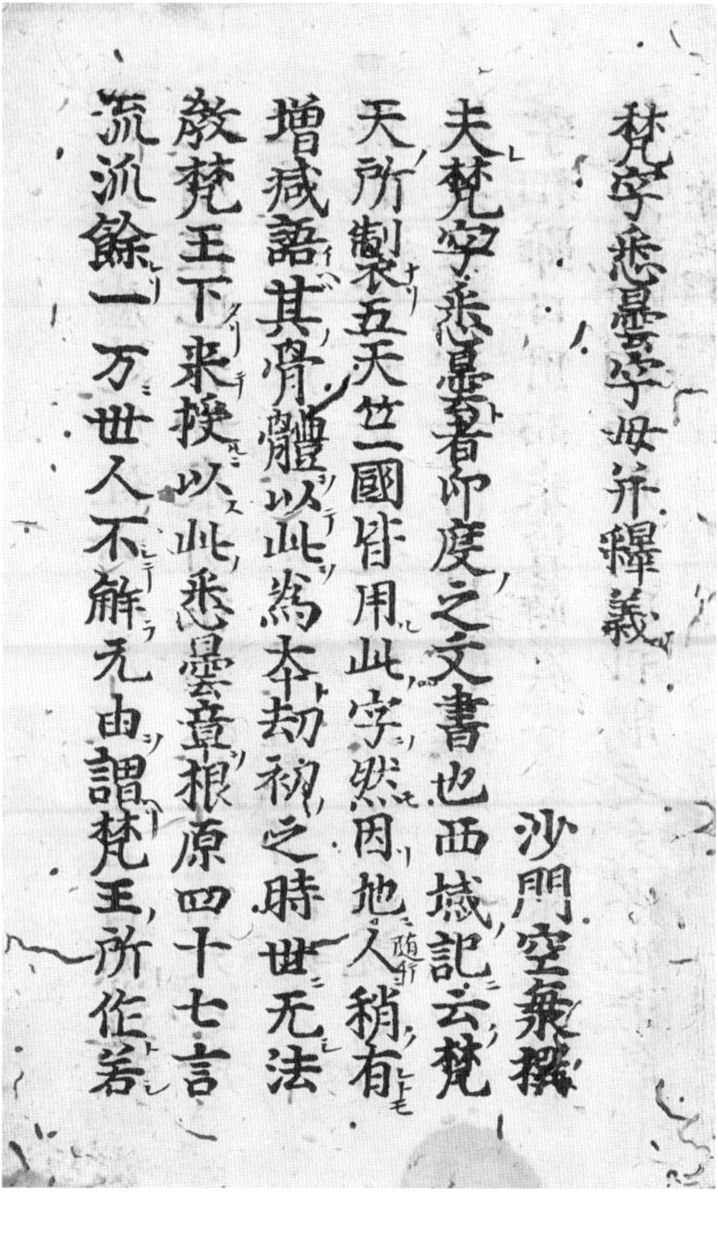

梵字悉曇字母并釋義

沙門空海撰

夫梵字悉曇者印度之文書也西域記云梵天所製五天竺國皆用此字然因地隨人稍有增減語其骨體以此爲本劫初之時世无法教梵王下来授以此悉曇章根原四十七言流派餘一万世人不解无由謂梵王所作若

依大毗盧遮那經云此是文字者自然道理
之所作也非如來所作亦非梵王諸天之所
作若雖有能作者如來不隨喜諸佛如來以
佛眼觀察此法然之文字即如實而說之利
益衆生梵王等傳受轉教衆生世人但知彼
字相雖日用而未曾解其字義如來説彼實
義若隨字相而用之則世間之文字也若解

實義則出世間陀羅尼之文字也所謂陀羅
尼者梵語也唐翻云惣持惣者惣攝持者
任持言於一字中惣攝无量教文於一法中
任持一切法於一義中攝持一切義於一聲
中攝藏無量功德故名无盡藏此惣持略有
四種一法陀羅尼二義陀羅尼三呪陀羅尼
四菩薩忍陀羅尼

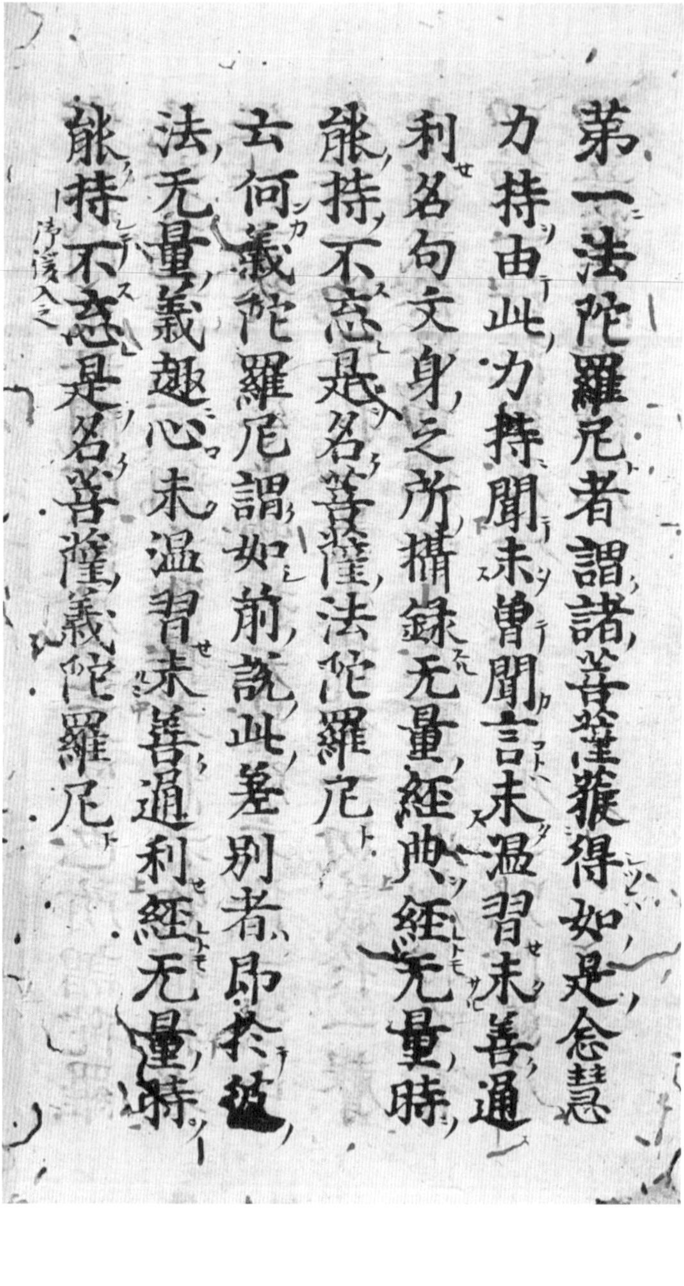
第一法陀羅尼者謂諸菩薩獲得如是念慧
力持由此力持聞未曾聞言未温習未善通
利名句文身之所構録无量經典經无量時
能持不忘是名菩薩法陀羅尼
云何義陀羅尼謂如前說此差別者即於彼
法无量義趣心未温習未善通利經无量時
能持不忘是名菩薩義陀羅尼

云何呪陀羅尼謂諸菩薩獲得如是等持自
在由此自在加被能除有情災患諸真言句
令彼章句悉皆第一神驗無所唐捐能除種
種災患是名菩薩呪陀羅尼
云何菩薩忍陀羅尼謂諸菩薩成就自然堅
固因行具足妙慧乃至諸真言章句審諦思
惟籌量觀察不從他聞自然通達一切法義

是名菩薩能得忍陀羅尼
已上四種者瑜伽佛地等論且約人釋若據
密藏義更有約法四種之釋一者此一字能
與諸法自作軌持於一字中任持一切諸法
是名法陀羅尼二者於此一字義中攝持一
切教中義趣是名義陀羅尼三者誦此一字
之時能除內外諸災患乃至得究竟安樂菩

提之果是名咒陀羅尼四者若出家在家若
男若女於日夜分中若一時二時乃至四時
觀念誦習此一字時能滅一切忘想煩惱業
障等頓證得本有菩提之智是名能得忍陀
羅尼如一字者自餘一切字義皆含如是義
理譬如易一爻中具含萬象龜十字上悉知
三世又有五種惣持謂一者聞持二法持三
以下十七字序後入

義持四根持五藏持一聞持者謂耳聞此一字聲具識五乘之法教及顯教密教之差別不漏不失即不忘聽也二法持者謂念不住不妄流於藏中三義持者謂假實二法因緣性空四根持者謂六緣念更无餘境五藏持者謂第九阿摩羅識即佛性淨識是也如是五種亦約人釋若約法

釋更有五種惣繁不述是五種四種陀羅尼
即明如來四智五智之德佛地經等顯教則
但說四智故佛地瑜伽等論說四種陀羅尼
若於大毗盧遮那及金剛頂經等祕密藏中
具說如來自受用五智等相應之趣故說五
種陀羅尼如是五種智為根本云何五智謂
一者圓鏡智二者平等智三妙觀察智四成

所作智五法界體性智從此五智流出三十
七智一百二十八智乃至十佛刹微塵數不
可說不可說一切智智如是無量智悉含一
字中一切衆生皆悉具足如是无量佛智然
衆生不覺不知是故如来慇懃悲歎悲哉衆
生去佛道甚近然被無明客塵之覆弊不解
宅中之寶藏輪轉三界沉溺四生是故以種

種身種種相種種方便説種種法利諸衆生
如涅槃經云世間所有一切教法皆是如來
之遺教然則内外法教悉從如來而流出如
來雖具如是自在方便而此字母等非如來
所作自然道理之所造如來佛眼能觀覺
智如實開演而已背後漢明帝夢金人之後
摩騰竺蘭等以此梵文來傳振旦字非篆隷

語備梵漢并五難信宗劒夜光為誘童蒙隨方翻説從尒已還相承翻傳然梵字梵語於一字聲含无量義改為唐言但得片玉三隅則闕故道安法師著五失之文義淨三藏興不翻之歎是故傳真言之匠不空三藏等教授密藏真言悉用梵字然則此梵字者亘三世而常恒遍十方以不改學之書之定得常

住之佛智誦之觀之必證不壞之法身諸教之根本諸智之父母蓋在此空母乎所得功德不能纏說具如華嚴般若大毗盧遮那金剛頂及及涅槃等經廣說

𑖭𑖰 音悉二合 𑖠𑖿𑖠𑖽 音曇 𑖨 音羅 𑖭𑖿𑖝𑖲 窣覩二合

右四字題目梵云悉曇羅窣覩唐云成就吉祥章

𑖀 音阿呼上聲 訓無也不也非也阿字者是一切法敎之本凡最初開口之音皆有阿聲若離阿聲則無一切言說故為衆聲之母又為衆字之根本又一切諸法本不生義內外諸教皆從此字而出生也

𑖁 音阿去聲長引呼 一切諸法寂靜

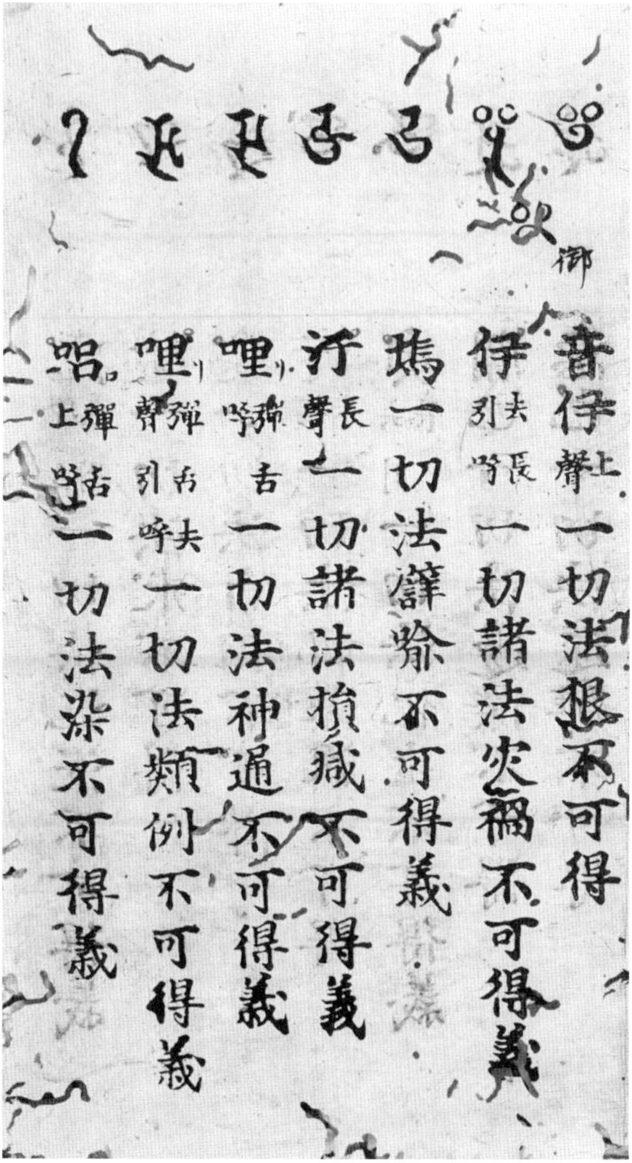

御

音伊上聲一切法根不可得義

伊去長引聲一切諸法災禍不可得義

塢一切法譬喻不可得義

汙長聲一切諸法損減不可得義

哩リ彈舌聲一切法神通不可得義

哩リ彈舌去引呼一切法類例不可得義

呂ロ上彈舌聲一切法染不可得義

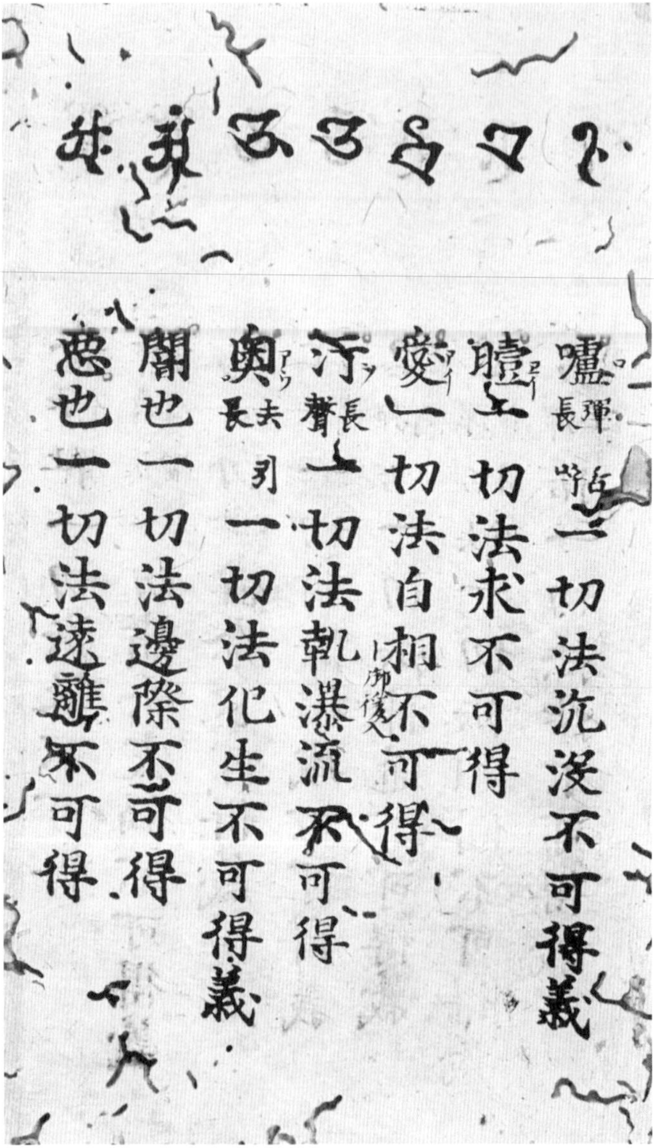
嚧 長彈 呼舌 一切法沉沒不可得義
矑 一切法求不可得
愛 一切法自相不可得
污 長聲 一切法執瀑流不可得
奧 長去引 一切法化生不可得義
闇也一切法邊際不可得
惡也一切法遠離不可得

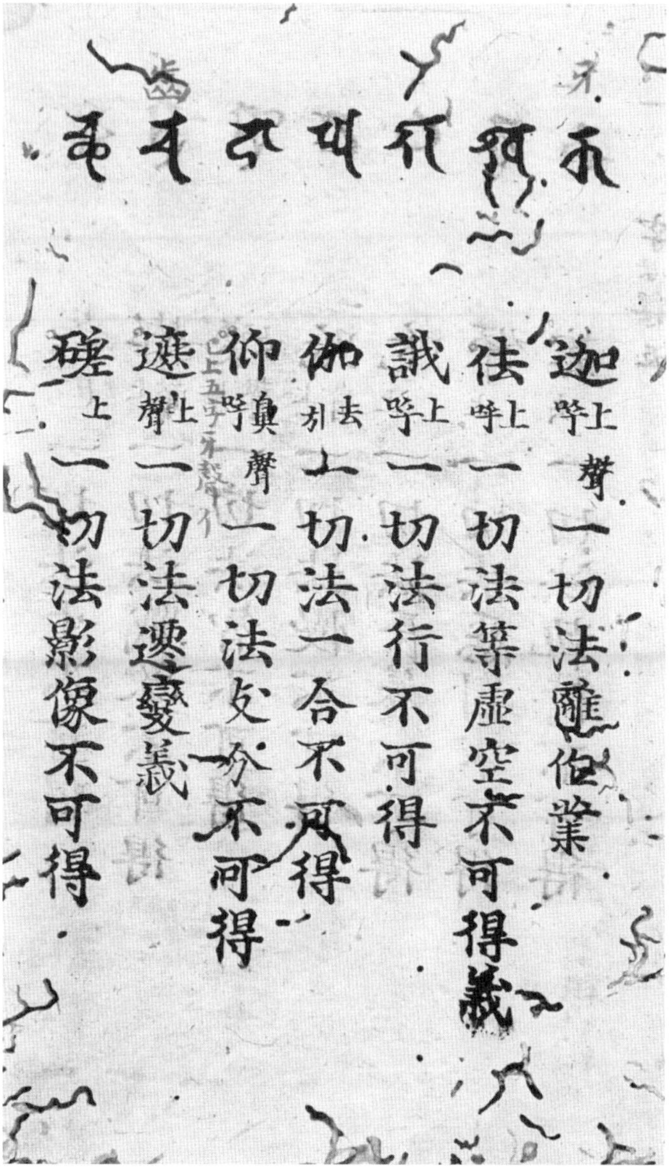

迦上聲 一切法離作業

佉上聲 一切法等虚空不可得義

誐上聲 一切法行不可得

伽去引上 一切法一合不可得

仰鼻聲 一切法支分不可得

已上五字牙聲

遮上聲 一切法遷變義

磋上 一切法影像不可得

惹也一切法生不可得

酇上聲一切法戰敵不可得

孃上聲一切法智不可得

吒上聲一切法慢不可得

咃上一切法長養不可得

拏上一切法怨對不可得

荼去一切法執持不可得

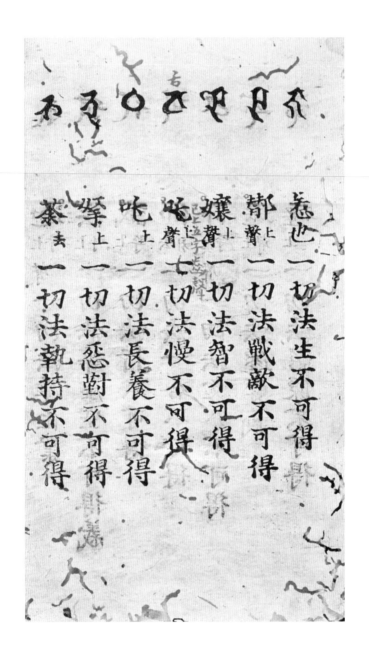

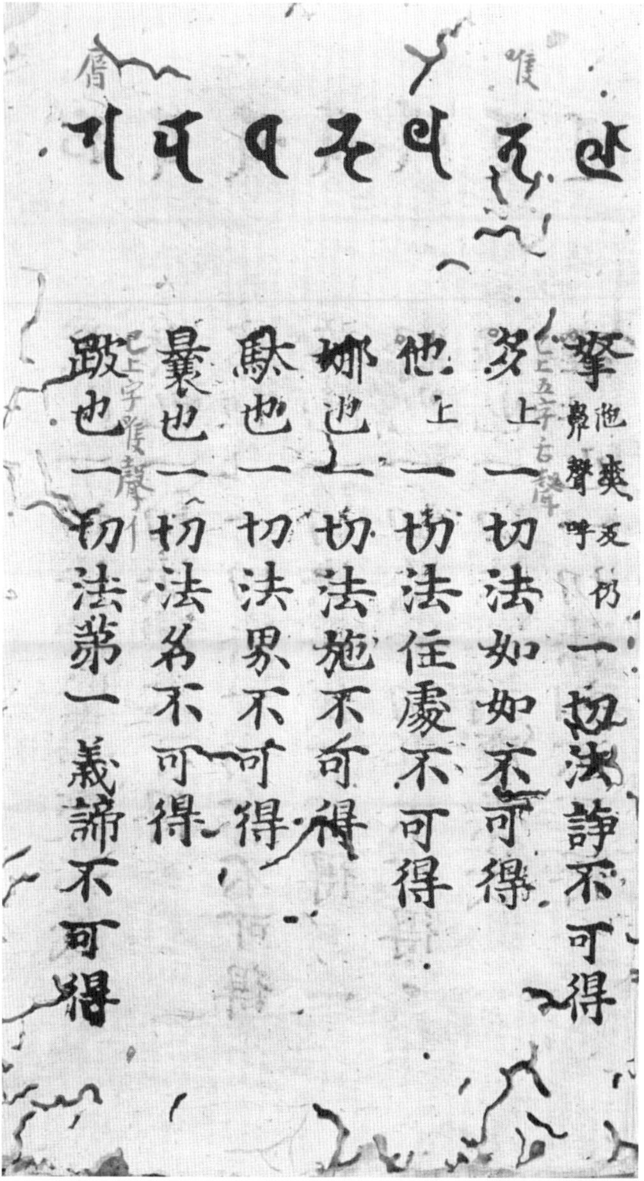

喉　脣

拏泥爽反 鼻聲呼 仍 一切法諍不可得

多上 一切法如如不可得 已上五字舌聲

他上 一切法住處不可得

娜也上 一切法施不可得

馱也 一切法界不可得

曩也 一切法名不可得 已上字喉聲

跛也 一切法第一義諦不可得

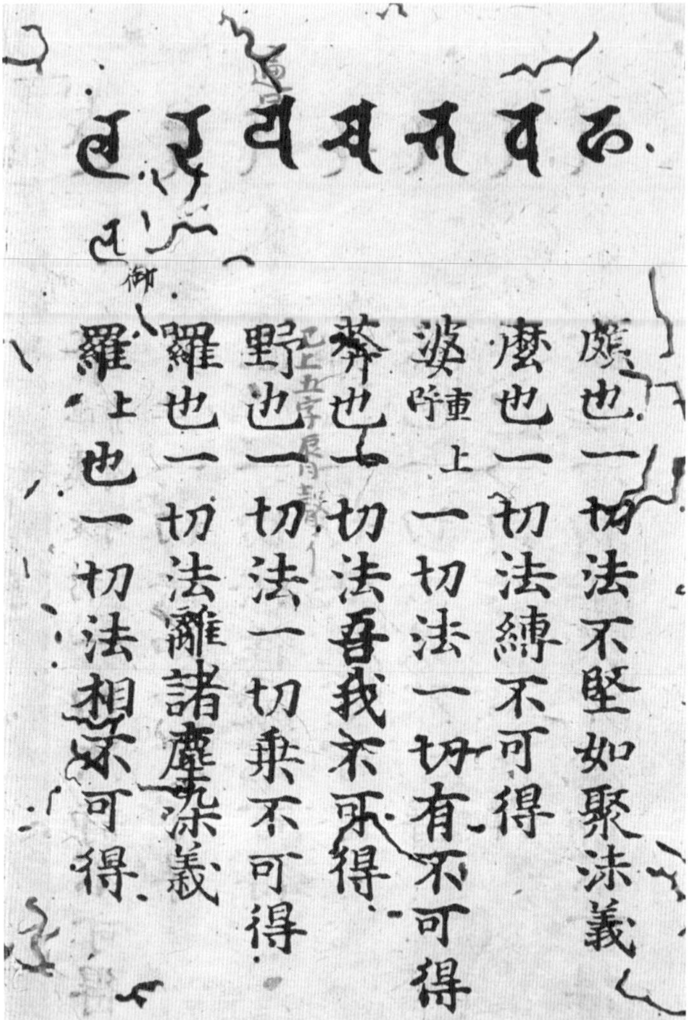

頗也一切法不堅如聚沫義

麼也一切法縛不可得

婆呼重上一切法一切有不可得

莽也一切法吾我不可得

野也一切法一切乘不可得

羅也一切法離諸塵染義

羅上也一切法相不可得

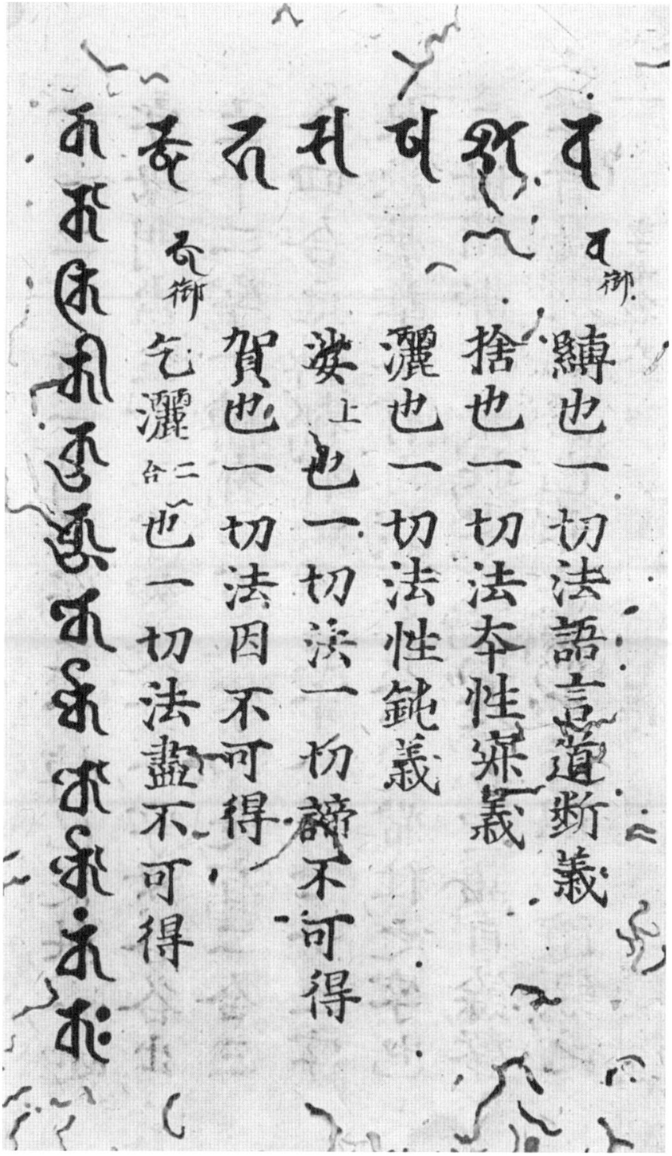

縛也一切法語言道斷義
捨也一切法本性寂義
灑也一切法性鈍義
娑上也一切法一切諦不可得
賀也一切法因不可得
乞灑二合也一切法盡不可得

右十二字者一箇迦字之一轉也從此一迦字母門出生十二字如是一一字母各各出生十二字一轉有四百八字如是有二合三合四合之轉都有一万三千八百七十二字此悉曇章本有自然真實不變常住之字也三世諸佛皆用此字說法是名聖語自餘聲字者是則凡語也非法然之道理皆隨類之

字語耳若隨順彼言語是名忢語亦名无義
語若能隨順聖語即得无量功德故
大般若經五十三言
佛告善現言善現譬如虛空是一切物所歸
趣處此諸字門亦復如是諸法空義皆入此
門方得顯了善現入此阿字等名入諸字門
善現若菩薩摩訶薩於如是入諸字門得善

巧智於諸言音所詮所表皆无罣礙於一切
法平等空性盡能證持於衆言音咸得善巧
善現若菩薩摩訶薩能聽如是入諸字門印
相印句門已受持讀誦通利為他解說不貪
名利由此因緣得二十種殊勝功德何等二
十謂一得强憶念二得勝慙愧三得堅固力
四得法旨趣五得增上覺六得殊勝惠七得

无礙辯八得惣持門九得无疑惑十得違順
語不生恚愛十一得无高下平等而住十二
得於有情言音善巧十三得緼善巧處善巧
界善巧十四得緣起善巧因善巧緣善巧法
善巧十五得根勝劣智善巧他心智善巧十
六得觀星曆善巧十七得天耳智善巧宿住
隨念智善巧神境智善巧死生智善巧十八

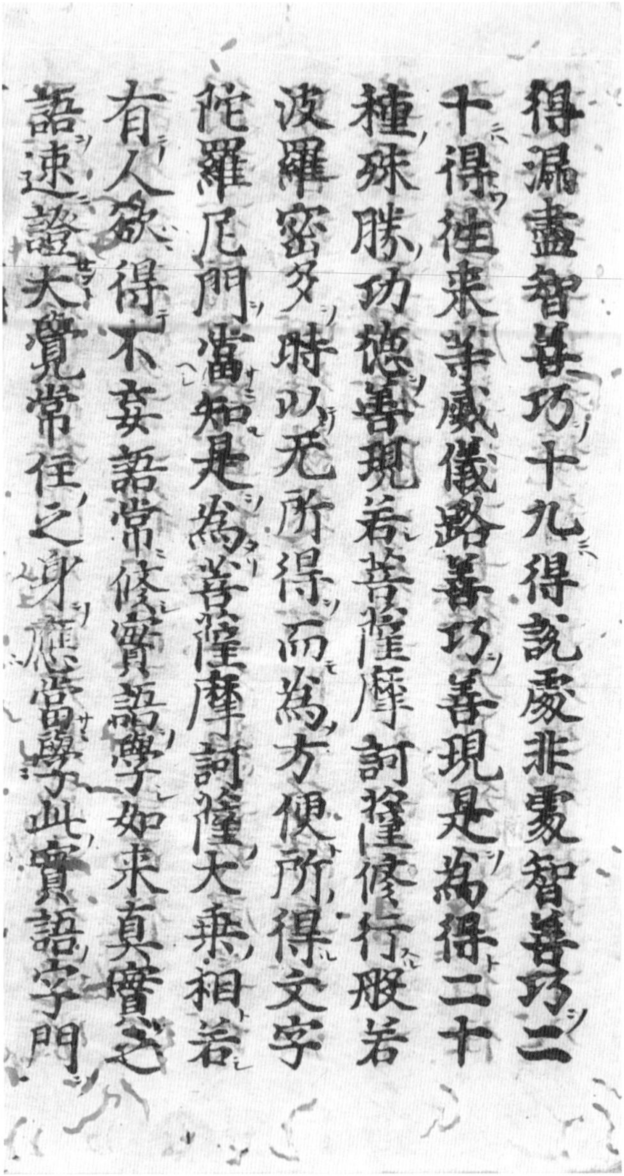

得漏盡智善巧十九得說處非處智善巧二
十得往來等威儀路善巧善現是為得二十
種殊勝功德善現若菩薩摩訶薩修行般若
波羅蜜多時以无所得而為方便所得文字
陀羅尼門當知是為菩薩摩訶薩大乘相若
有人欲得不妄語常修實語學如来真實之
語速證大覺常住之身應當學此實語字門

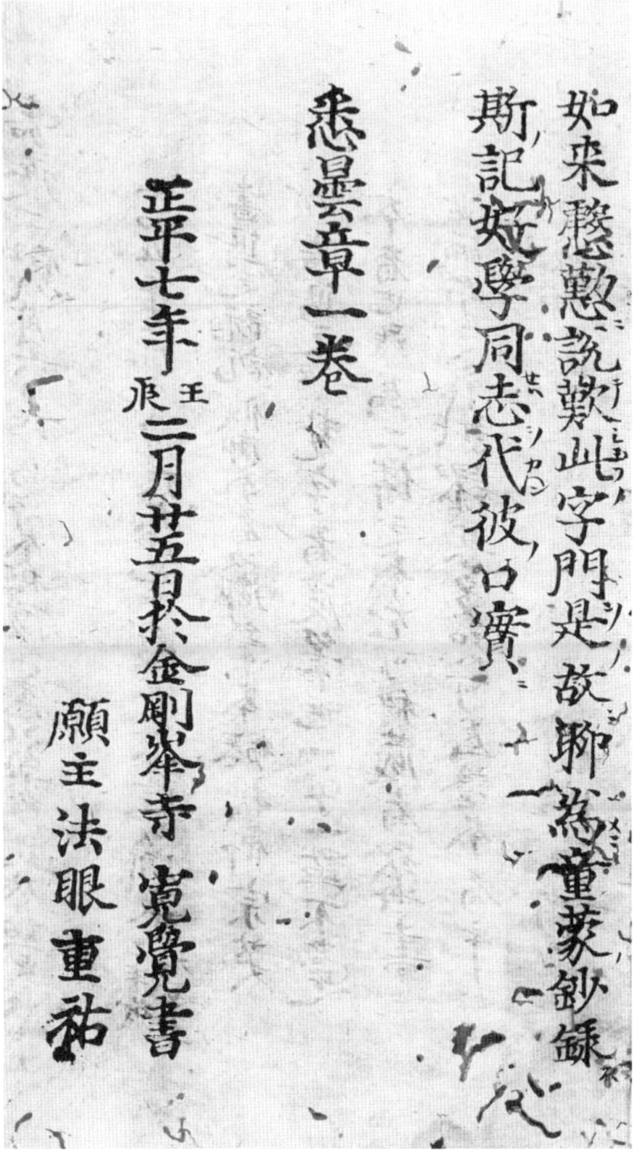
如来懸懃説歎此字門是故卿爲童蒙鈔録
斯記好學同志代彼口實
悉曇章一巻
正平七年壬辰二月廿五日於金剛峯寺寛覺書
願主法眼重祐

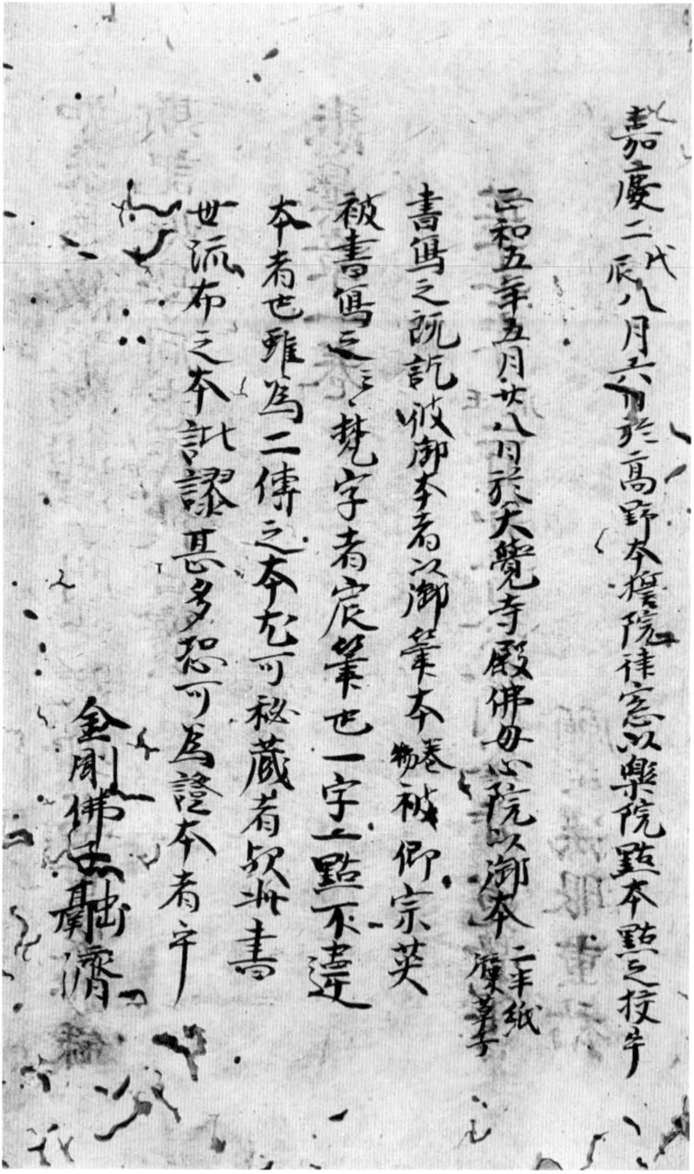
嘉慶二戊辰八月六日於高野本覺院律窓以樂院點本點之校了
正和五年五月廿八日於大覺寺殿佛母心院以御本二年紙應長
書寫之訖彼御本者以御筆本卷物被仰宗英
被書寫之云々梵字者宸筆也一字一點不違
本者也雖爲二傳之本尤可秘藏者欤此書
世流布之本訛謬甚多恐可爲證本者乎
金剛佛子融濟

持者憲瑜

附錄一

悟光大阿闍梨略傳

悟光大阿闍梨略傳

悟光上師又號全妙大師，俗姓鄭，台灣省高雄縣人，生於一九一八年十二月五日。生有異稟：臍帶纏頂如懸念珠；降誕不久即能促膝盤坐若入定狀，其與佛有緣，實慧根夙備者也。

師生於虔敬信仰之家庭。幼學時即聰慧過人，並精於美術工藝。及長，因學宮廟建築設計，繼而鑽研丹道經籍，飽覽道書經典數百卷；又習道家煉丹辟穀、養生靜坐之功。其後，遍歷各地，訪師問道，隨船遠至內地、南洋諸邦，行腳所次，雖習得仙宗秘術，然深覺不足以普化濟世，遂由道皈入佛門。

師初於一九五三年二月，剃度皈依，改習禪學，師力慕高遠，志切宏博，雖閱藏數載，遍訪禪師，尤以為未足。

其後專習藏密，閉關修持於大智山（高雄縣六龜鄉），持咒精進不已，澈悟金剛密教真言，感應良多，嘗感悟得飛蝶應集，瀰空蔽日。深體世事擾攘不安，災禍迭增無已，密教普化救世之時機將屆，遂發心廣宏佛法，以救度眾生。

師於閉關靜閱大正藏密教部之時，知有絕傳於中國（指唐武宗之滅佛）之真言宗，已流佈日本達千餘年，外人多不得傳。（因日人將之視若國寶珍秘，自詡歷來遭逢多次兵禍劫難，仍得屹立富強於世，端賴此法，故絕不輕傳外人）。期間台灣頗多高士欲赴日習法，國外亦有慕道趨求者，皆不得其門或未獲其奧而中輟。師愧感國人未能得道傳法利國福民，而使此久已垂絕之珍秘密法流落異域，殊覺歎惋，故發心親往日本求法，欲得其傳承血脈而歸，遂於一九七一年六月東渡扶桑，逕往真言宗總本山——高野山金剛峰寺。

此山自古即為女禁之地，直至明治維新時始行解禁，然該宗在日本尚屬貴族佛教，非該寺師傳弟子，概不經傳。故師上山求法多次，悉被拒於門外，然師誓願堅定，不得傳承，決不卻步，在此期間，備嘗艱苦，依然修持不輟，時現其琉璃身，受該寺目黑大師之讚賞，並由其協助，始得入寺作旁聽生，因師植基深厚，未幾即准為正式弟子，入於本山門主中院流五十三世傳法宣雄和尚門下。學法期間，修習極其嚴厲，嘗於零下二十度之酷寒，一日修持達十八小時之久。不出一年，修畢一切儀軌，得授「傳法大阿闍梨灌頂」，遂為五十四世傳法人。綜計歷世以來，得此灌頂之外國僧人者，唯師一人矣。

師於一九七二年回台後，遂廣弘佛法，於台南、高雄等地設立道場，傳法佈教，頗收勸善濟世，教化人心之功效。師初習丹道養生，繼修佛門大乘禪密與金剛藏密，今又融入真言東密精髓，益見其佛養之深奧，獨幟一方。一九七八年，因師弘法有功，由大本山金剛峰寺之薦，經日本國家宗教議員大會決議通過，加贈「大僧都」一職，時於台南市舉行布達式，參與人士有各界地方首長，教界耆老，弟子等百餘人，儀式莊嚴崇隆，大眾傳播均相報導。又於一九八三年，再加贈「小僧正」，並賜披紫色衣。

師之為人平易近人，端方可敬，弘法救度，不遺餘力，教法大有興盛之勢。為千秋萬世億兆同胞之福祉，暨匡正世道人心免於危亡之劫難，於高雄縣內門鄉永興村興建真言宗大本山根本道場，作為弘法基地及觀光聖地。師於開山期間，為弘法利生亦奔走各地，先後又於台北、香港二地分別設立了「光明王寺台北分院」、「光明王寺香港分院」。師自東瀛得法以來，重興密法、創設道場、設立規矩、著書立說、教育弟子等無不兼備。

師之承法直系真言宗中院流五十四世傳法。著有《上帝的選舉》、《禪的講話》等廿多部作品行世。佛教真言宗失傳於中國一千餘年後，大法重返吾國，此功此德，師之力也。

附錄二

《一真法句淺說》

悟光上師《證道歌》

一真法句淺說

嗡乃曠劫獨稱真，六大毘盧即我身，時窮三際壽無量，體合乾坤唯一人。（文）

嗡又作唵，音讀嗡，嗡即皈命句，即是皈依命根大日如來的法報化三身之意，法身是體，報身是相，化身是用，法身的體是無形之體性，報身之相是無形之相，即功能或云功德聚，化身即體性中之功德所顯現之現象，現象是體性功德所現，其源即是法界體性，這體性亦名如來德性，佛性，如來即理體，佛即精神，理體之德用即精神，精神即智，根本理智是一綜合體，有體必有用，現象萬物是法界體性所幻出，所以現象即實在，當相即道。宇宙萬象無一能越此，此法性自曠劫以來獨一無二的真實，故云曠劫独稱焉。此体性的一中有六种不同的性质，有堅固性即地、地無非一味，其中還有無量無邊、堅固性的原子，綜合其堅固性假名為地。是遍法界無所不至的，故云地大。其次、屬於濕性的無量無邊德性名水大、屬於煖性的無量無邊德性名火大、屬於動性的無量無邊德性曰風大、屬於容納無碍性的曰空大。森羅万象、一草一木、無論動物植物礦物完全具足此六大。此六大之總和相涉無碍的德性遍滿法界、名摩訶毘盧遮那、即是好像日光遍照宇宙一樣、翻謂大日如來。吾們的身体精神都是祂幻化出來、故云六大毘盧即我身。這毘盧即是道、道即是創造万物的原理、當然万物即是道体。道体是無始無終之灵体、沒有時間空間之分界、是沒有过去現在未來、沒有東西南北、故云時窮三陈的无量寿命者，因祂是整個宇宙为身，一切万物的新陈代谢为命，永远在創造为祂的事業，祂是独单的不死人，祂以无量时空为身，没有与第二者同居，是個绝对孤单的老人，故曰体合乾坤唯一人。

虚空法界我独步、森罗万象造化根、宇宙性命元灵祖、光被十方无故新。（文）

祂在这无量无边的虚空中自由活动，我是祂的大我法身位，祂容有无量无边的六大体性，祂有无量无边的心王心所，祂有无量无边的万象种子，祂以蒔种，以各不同的种子与以滋润、普照光明，使其现象所濃缩之种性与以展现成为不同的万物，用祂拥有的六大为其物体，用祂拥有的叡智精神（生其物）令各不同的万物自由生活，是祂的大慈大悲之力、祂是万象的造化之根源、是宇宙性命的大元灵之祖，万物生從何來？即從此來、死從何去？死即即歸於彼處，祂的本身是光、万物依此光而有，但此光是窮三际的無量寿光，这光常住而遍照十方，没有新舊的差別。凡夫因執於時方，故有过去現在未來的三际、有東西南北上下的十方观念、吾人若住於虚空中、即三际十方都没有了，物质在新陳代谢中凡夫看來有新舊交替，这好像機械的水箱依其循環，進入來為新、排出去為舊，根本其水都没有新舊可言。依代谢而有時空、有時空而有寿命長短的观念，人們因有人法之執、故不能窺其全体，故迷於現象而常沉苦海無有出期。

、隐顕莫测神妙、旋転日月贯古今、貪瞋煩惱我密歸、

生殺威權我自興。文

毗盧遮那法身如來的作業名羯磨力，祂從其所有的種子注入生命力，使其各類各各需要的成分發揮變成各具的德性呈現各其本誓的形體及色彩，味道，將其遺傳基因寓於種子之中，使其繁愆子孫，這源動力還是元靈祖所賜。故在一期一定的過程後而隱沒，種子由代替前代而再出現，這種推動力完全是大我靈體之羯磨力，凡夫看來的確太神奇了，太微妙了。不但造化萬物，連太空中的日月星宿亦是祂的力量所支配而運行不休息，祂這樣施與大慈悲心造宇宙萬象沒有代價，真是父母心，吾們是祂的子孫，卻不能荷負祂的使命施與大慈悲心，違逆的眾生真是辜負祂老人家的本誓的大不孝之罪。祂的大慈悲心是大貪，眾生欲負祂的本誓、祂会生氣，這是祂的大瞋、但衆生還在不斷不覺的行為中、如有怨嘆、祂都不理而致之、還是賜我們衆生好了地生活着、這是祂的大癡、這貪瞋癡是祂的心理祂本有的德性、本來具有的、是祂的密號。祂在創造中不斷地成就衆生的成熟。如菓子初生的時只有發育、不到成熟不能食、故未成熟的菓子是苦澀的、到了長大時必須使其成熟故應前以殺氣才能成熟、有生就應有殺、加了殺氣之後成熟了、菓子就掉下來、以世間看來是死、故有生必有死、這種生殺的權柄是祂獨有、萬物皆然、是祂自然興起的、故云生殺威權我自興。祂恐怕衆生創造落空、不斷地動祂的腦筋使其創造不空成就、這些都是祂為衆生的煩惱這煩惱還是祂老人家的本誓云密號，本有功德也。

六道輪迴戲三昧，三界匯納在一心，魑魅魍魎邪精怪，妄為執著意生身。」文

大我體性的創造中有動物植物礦物，動物有人類、禽獸、水族、蟲類等具有感情性欲之類，植物乃草木具有繁衍子孫之類、礦物即礦物之類。其中人類的各種機能組織特別靈敏，感情愛欲思考經驗特別發達，故為萬物之靈長，原始時代大概相安無事的，到了文明發達就創了禮教，有了禮教抑將教化使其反璞歸真，創了教條束縛其不致出規守其本分，卻成其反造成越規了，這禮教包括一切之法律。法律並非道之造化法律，故百密一漏之處在所難免，有的法律是保護帝王萬世千秋不被他人違背而設的，不一定對於人類自由思考有幫助，所以越嚴格越出規，所以古人

設計出有大偽、人類越文明越不守本分，欲望橫飛要衝出自由，自由是萬物之特權之性。因此犯了法律就成犯罪，罪是法沒有自性的，看所犯之輕重論處，或罰款或勞役或坐牢，期間屆滿就無罪了。但犯了公約之法律或逃出法網不被發現、其人必會悔而自責、誓不復犯、那麼此人的心意識就有洗滌潛意識的某程度，此人必定還會死後再生為人、若不知懺悔但心中還常感苦煩、死後一定墮地獄、若犯罪畏罪而逃不敢面對現實、心中恐懼怕人發見、這種心意識死後會墮於畜生道。若人欲望熾盛欲火沖冠、死後必定墮入餓鬼道。若人作善意欲求福報死後會生於天道。人心是不定性的、所以在六道中出沒沒有了時、因為它是凡夫不悟真理才會感受苦境。苦樂感受是三界中事、若果修行悟了道之本體，而道合一，入我我入，成為乾坤一人的境界、向下觀此大道即是建出發的現像。都是大我的三昧遊戲吧了。能感受所感受的三界都是心，不但三界、十界亦是心。故三界涵納在一心。魑魅魍魎邪精怪是山川木石等孕育天地之靈氣，然後受了動物之精液幻成，受了人之精液即能變為人形，受了猴之精液變猴，其他類推，這種怪物即是魔鬼，它不會因過失而懊悔，任意胡為，它的心是是一種執著意識，以其意而幻形，此名意成身。幻形有三條件，一是幽質，二是念頭材質，三是物質，比如說我們要畫圖，未紙之先想所畫之物，這是幽質，未動筆時紙上先有其形了。其次提起鉛筆繪個形記稿，此即念頭材質，次取來顏色塗上，就變成立體之相，就可亂真了。

喑啞矇聾殘廢疾、病魔纏縛自迷因、心生覺了生是佛，心佛未覺佛是生」文

人們自出生時或出生了後，罹了喑啞、或眼盲、或耳聾或殘廢疾病、都由前生所作的心識有関、过去世做了令人憤怒而被打了咽喉、或眼目、或殘廢，或致了病入膏肓而死、自己還不能懺悔、心中常存怨恨、这种潜意識帶来轮生，其遺伝基因被其破壞，或在胎内或出生後会現其相。前生若能以般若来觀照五蘊皆空、即可洗滌前愆甚至解縛誑道、衆生因迷於宇宙真理，執着人法故也。人們的造惡業亦是心、心生執着而不自覺即迷沉苦海、若覺了悟此心本来是佛性、心生迷境而能自覺了、心即回歸本来面目，那個時候迷的衆生就是佛了。这心就是佛、因衆生迷而

不覺故佛為眾生，是迷悟之一念間，人們在這生心之起念間要反觀自照以免隨波着流。

罪福本空無自性，原來性空無所憑，我這一覺超生死，

慧光朗照病除根。」文

罪是違背公約的代價，福是善行的人們代價，這都是人我之間的現象界之法，在佛性之中都沒有此物，六道輪迴之中的諸心所法是人生舞台的法，人們只迷於舞台之法，未透視演戲之人，戲是假的演員是真的，任你演什麼好忠角色，對於演員本身是毫不相關的，現像無論怎麼演變，其本來佛性是如如不動的，所以世間之罪福無自性，原來其性本空，沒有什麼法可憑依。戲劇中之盛衰生死貪富根本由佛性的演員都沒有一回事，法華經中的譬喻品有長者

子的寓意故事，有位長者之子本來是富豪財富，因出去玩要被其他的孩子帶走，以致迷失不知回家，成為流浪兒，到了長大還不知其家，亦不認得其父母，父母還是思念，但迷兒淪落了終於受傭於其家為奴，雙方都不知是父子關係，有一天來了一位和尚，是有神通的大德，對其父子說你們原來是父子，那個時候當場互為相認，即時回復父子關係，子就可以繼承父親的財產了。未知之前其子還是貧窮的，一旦知之後就成富家兒了。故喻迷沉生死苦海的眾生若能被了悟的大德指導，一覺大我之道就超生死迷境了。了生死是了解生死之法本來迷境，這了悟就是智慧，智慧之光朗照，即業力的幻化迷境就消失，病魔之根就根除了

阿字門中本不生，吽門不二絕思陳，五蘊非真業非有，

能所俱泯斷主賓文

阿字門即是涅槃體，是不生不滅的佛性本體，了知諸法自性本空沒有實體，眾生迷於人法，金剛般若經中說的四相、我相、人相、眾生相、壽者相，凡夫迷著以為實有，四相完全是戲論，佛陀教吾們要反觀內照，了知現象即實在，要將現象融入真理，我與道同在，我與法身佛入我我入成為不二的境界，這不二的境界是絕了思考的起沒，滅了言語念頭，靈明獨耀之境界，所有的五蘊是假的，這五蘊堅固就是世間所云之靈魂，有這靈魂就要輪迴六趣了，有五蘊就有能思與所思的主賓關係，變成心所諸法而執著、能所主賓斷了，心如虛空，心如虛空故與道合一，即時回歸不生不滅的阿字門，不然的話，迷著於色聲香味觸之法而認為真，衆生把貪愛，瞋恚，愚癡等惑蓋佛性，把了生死苦樂感覆。諸法是戲論，佛性不是戲論，佛陀教吾們不可認賊為父。

了知三世一切佛、應觀法界性一真、一念不生三三昧、秘法三密佛印心。文

應該知道三世一切的覺者是怎樣成佛的，要了知一個端的，應觀這法界森羅萬象是一真實的涅槃性所現，這是過去佛現在佛未來佛共同所修觀的方法，一念生萬法現，一念若不生就是包括了無我、無相、無願三種三昧，這種三昧是心空，不是無知覺，是視之不見，聽之不聞的靈覺境界此乃一真法性當體之狀態，我執法執俱空即是入我我入，佛心印秘心、秘心即佛心，達到這境界即入禪定，禪是佛

定是心不起、二即一、衆生即佛。釋迦拈花迦葉微笑印此端的。因為迦葉等五百羅漢，均是不發大心的外道思想意識潛在、故開了方便手拈畢波羅花輾動，大衆均不知用意、但都啞然一念不生注視着、這端的當体即佛性本來面目、可惜錯過機會，只有迦葉微笑表示領悟、自此別開一門的無字法門禪宗、見性了悟不能發大心都是獨善其身的自了漢。

菩薩金剛眷屬、三緣無住起悲心、天龍八部隨心所、神通變化攝鬼神。

羅漢在高山打蓋睡，菩薩落荒草、佛在世間不離世間覺、羅漢入定不管世事衆生死如在高山睡覺、定力到極限的時候就醒來、會起了念頭、就墮下來了。菩薩是了悟衆生本俱即佛德、已知迷是苦海、覺悟即極樂、菩薩已徹底了悟了、它就不怕生死、消惑潤生、拯救沉沒海中的衆生、如人已知水性了、入於水中會游泳、菩薩變成泳池、衆生是不知水性故會沉溺、菩薩入於衆生群中、猶如一支好花入於蔓草之中、鶴立鷄群、一支獨秀的佛世間、衆生世間、器世間、都是法界佛性所現、在世間覺悟道理了、就是佛、所以佛在世間莫離開世間、佛是世間衆生的覺悟者菩薩爲度衆生而開方便法門、但有頑固的衆生不受教訓、菩薩就起了忿怒相責罰、這就是金剛、這是大慈大悲的佛心所流露之心所、其佛即佛、心王心所是佛之眷屬、這種大慈大悲的教化衆生之心所、是沒有能度所度及功勞的心無住生心、歸納起來菩薩金剛都是大悲毘盧遮那之心。

此心即佛心，要度天或鬼神就變化同其趣。如天要降雨露均潤諸法界眾生就變天龍，要守護法界眾生就變八部神將，都是大日如來心所所流出的。祂的神通變化是莫測的，不但能度的菩薩金剛、連鬼神之類都是毘盧遮那普門之一德、普門之多的總和即總持，入了總持即普門之德具備、這總持即是心。

無限色聲我實相、文賢加持重重身，聽我法句認諦理、一轉彈指立歸真。

心是宇宙心、心包太虛，太虛之中有無量基因德性，無量基因德性即普門、色即現前之法、聲即法相之語、語即道之本體、有其聲必有其物、有其物即有其色相、無限的基因德性、顯現無限不同法相、能認識之本體即佛性智德、顯現諸相之理即理德、智法曰文殊、理德曰普賢、諸界之森羅万象即此理智冥加之法，無量無邊之理德及無量無邊之智法、無論一草一木都是此物諦全之冥加的總和，只是基因德性之不同，顯現之物或法都是各各完成其使命之相。若不如是万物即呈現法一色、一味、一相、都沒有各各之使命標幟了。這無限無量的基因德性的功德，這功德都藏於一心之如來藏中，凡夫不知故認後天收入的塵法為真，將真而假合體，誤為阿賴耶識，自此流迷三界苦海了。人們若果醒了這道理而覺悟，即不執于塵立地成佛了。

附錄二：《一真法句淺說》——悟光上師《證道歌》

【全文】

嗡乃曠劫獨稱真，六大毘盧即我身，時窮三際壽無量，體合乾坤唯一人。
虛空法界我獨步，森羅萬象造化根，宇宙性命元靈祖，光被十方無故新。
隱顯莫測神最妙，璇轉日月貫古今，貪瞋煩惱我密號，生殺威權我自興。
六道輪回戲三昧，三界匯納在一心，魑魅魍魎邪精怪，妄為執著意生身。
喑啞蒙聾殘廢疾，病魔纏縛自迷因，心生覺了生是佛，心佛未覺佛是生。
罪福本空無自性，原來性空無所憑，我道一覺超生死，慧光朗照病除根。
阿字門中本不生，吽開不二絕思陳，五蘊非真業非有，能所俱泯斷主賓。
了知三世一切佛，應觀法界性一真，一念不生三三昧，我法二空佛印心。
菩薩金剛我眷屬，三緣無住起悲心，天龍八部隨心所，神通變化攝鬼神。
無限色聲我實相，文賢加持重重身，聽我法句認諦理，一轉彈指立歸真。

【釋義】

嗡乃曠劫獨稱真，六大毘盧即我身，時窮三際壽無量，體合乾坤唯一人。

嗡又作唵，音讀嗡，嗡即皈命句，即是皈依命根大日如來的法報化三身之意，法身是體，報身是相，化身是用，法身的體是無形之體性，報身之相是無形之相，即功能或云功德聚，化身即體性中之功德所顯現之現象，現象是體性功德所現，其源即是法界體性，這體性亦名如來德性、佛性，如來即理體，佛即精神，理體之德用即精神，精神即智，根本理智是一綜合體，有體必有用。現象萬物是法界體性所幻出，所以現象即實在，當相即道。宇宙萬象無一能越此，此法性自曠劫以來獨一無二，的真實，故云曠劫獨稱真。此體性的一中有六種不同的性質，有堅固性即地，地並非一味，其中還有無量無邊屬堅固性的原子，綜合其堅固性假名為地，是遍法界無所不至的，故云地大。其次屬於濕性的無量無邊德性名水大，屬於煖性的無量無邊德性名火大，屬於動性的無量無邊德性曰風大，屬於容納無礙性的曰空大。森羅萬象，一草一木，無論動物植物礦物完全具足此六大。此六大之總和相涉無礙的德性遍滿法界，名摩訶毘盧遮那，即是好像日光遍照宇宙一樣，翻謂大日如來。吾們的身體精神都是祂幻化出來，故云六大毘盧即我身，這毘盧即是道，道即是創造萬物的原理，當然萬物即是道體。道體是無始無終之靈體，沒有時間空間之分界，是沒有過去現在未來，沒有東西南北，故云時窮三際的無量壽命者，因祂是整個宇宙為身，一切萬物的新陳代謝為命，永遠在創造為祂的事業，祂是孤單的不死人，祂以無量時空為身，沒有與第二者同居，是個絕對孤單的老人，故口體合乾坤唯一人。

虛空法界我獨步，森羅萬象造化根，宇宙性命元靈祖，光被十方無故新。

祂在這無量無邊的虛空中自由活動，我是祂的大我法身位，祂容有無量無邊的六大體性，祂有無量無邊的心王心所，祂有無量無邊的萬象種子，祂以蒔種，以各不同的種子與以滋潤，普照光明，使其現象所濃縮之種性與以展現成為不同的萬物，用祂擁有的六大為其物體，用祂擁有的睿智精神（生其物）令各不同的萬物自由生活，是祂的大慈大悲之力，祂是萬象的造化之根源，是宇宙性命的大元靈之祖，萬物生從何來？即從此來，死從何去？死即歸於彼處，祂的本身是光，萬物依此光而有，但此光是窮三際的無量壽光，這光常住而遍照十方，沒有新舊的差別。凡夫因執於時方，故有過去現在未來的三際，有東西南北上下的十方觀念，吾人若住於虛空中，即三際十方都沒有了。物質在新陳代謝中凡夫看來有新舊交替，這好像機械的水箱依其循環，進入來為新，排出去為舊，根本其水都沒有新舊可言。依代謝而有時空，有時空而有壽命長短的觀念，人們因有人法之執，故不能窺其全體，故迷於現象而常沉苦海無有出期。

隱顯莫測神最妙，璇轉日月貫古今，貪瞋煩惱我密號，生殺威權我自與。

毘盧遮那法身如來的作業名羯磨力，祂從其所有的種子注予生命力，使其各類各各需要的成分發揮變成各具的德性呈現各其本誓的形體及色彩、味道，將其遺傳基因寓於種子之中，使其繁衍子孫，這源動力還是元靈祖所賜。故在一期一定的過程後而隱沒，種子由代替前代而再出現，這種推動力完全是大我靈體之羯磨力，凡夫看來的確太神奇了、太微妙了。不但造化萬物，連太空中的日月星宿亦是祂的力量所支配而璿轉不休息，祂這樣施與大慈悲心造宇宙萬象沒有代價，真是父母心，吾們是祂的子孫，卻不能荷負祂的使命施與大慈悲心，迷途的眾生真是辜負祂老人家的本誓的大不孝之罪。祂的大慈悲心是大貪，眾生負祂的本誓，祂會生氣，這是祂的大瞋，但眾生還在不知不覺的行為中，如有怨嘆，祂都不理而致之，還是賜我們眾生好好地生活著，這是祂的大癡，這貪瞋癡是祂的心理、祂本有的德性，本來具有的、是祂的密號。祂在創造中不斷地成就眾生的成熟。如菓子初生的時只有發育，不到成熟不能食，故未成熟的菓子是苦澀的，到了長大時必須使其成熟故應與以殺氣才能成熟，有生就應有殺，加了殺氣之後成熟了，菓子就掉下來，以世間看來是死，故有生必有死，這種生殺的權柄是祂獨有，萬物皆然，是祂自然興起的，故云生殺威權我自興。祂恐怕其創造落空，不斷地動祂的腦筋使其創造不空成就，這些都是祂為眾生的煩惱。這煩惱還是祂老人家的本誓云密號，本有功德也。

六道輪回戲三昧，三界匯納在一心，魑魅魍魎邪精怪，妄為執著意生身。

大我體性的創造中有動物植物礦物，動物有人類，禽獸，水族，蟲類等具有感情性欲之類，植物乃草木具有繁衍子孫之類，礦物即礦物之類。其中人類的各種機能組織特別靈敏，感情愛欲思考經驗特別發達，故為萬物之靈長，原始時代大概相安無事的，到了文明發達就創了禮教，有了禮教擬將教化使其反璞歸真，創了教條束縛其不致出規守其本分，卻反造成越規了，這禮教包括一切之法律，法律並非道之造化法律，故百密一漏之處在所難免，有的法律是保護帝王萬世千秋不被他人違背而設的，不一定對於人類自由思考有幫助，所以越嚴格越出規，所以古人設禮出有大偽，人類越文明越不守本分，欲望橫飛要衝出自由，自由是萬物之特權之性，因此犯了法律就成犯罪。罪是法沒有自性的，看所犯之輕重論處，或罰款或勞役或坐牢，期間屆滿就無罪了。但犯了公約之法律或逃出法網不被發現，其人必會悔而自責，誓不復犯，那麼此人的心意識就有洗滌潛意識的某程度，此人必定還會死後再生為人，若不知懺悔但心中還常感苦煩，死後一定墮地獄，若犯罪畏罪而逃不敢面對現實，心中恐懼怕人發現，這種心意識死後會墮於畜生道。若人欲望熾盛欲火衝冠，死後必定墮入餓鬼道。若人作善意欲求福報死後會生於天道，人心是不定性的，所以在六道中出歿沒有了時，因為它是凡夫不悟真理才會感受苦境。苦樂感受是三界中事，若果修行悟了道之本體，與道合一入我我入，成為乾坤一人的境界，向下觀此大道即是虛出歿的現象，都是大我的三昧遊戲罷了，能感受所感受的三界都是心，不但三界，十界亦是心，故三界匯納在一心。魑魅魍魎邪精怪是山川木石等孕育天地之靈氣，然後受了動物之精液幻成，受了人之精液即能變為人形，受了猴之精液變猴，其他類推，這種怪物即是魔鬼，它不會因過失而懺悔，任意胡為，它的心是一種執著意識，以其意而幻形，此名意成身，幻形有三條件，一是幽質，二是念朔材質，三是物質，比如說我們要畫圖，在紙上先想所畫之物，這是幽質，未動筆時紙上先有其形了，其次提起鉛筆繪個形起稿，此即念朔材質，次取來彩色塗上，就變成立體之相，幾可亂真了。

喑啞蒙聾殘廢疾，病魔纏縛自迷因，心生覺了生是佛，心佛未覺佛是生。

人們自出生時或出生了後，罹了喑啞、或眼盲、或耳聾或殘廢疾病，都與前生所作的心識有關，過去世做了令人憤怒而被打了咽喉、或眼目、或殘廢、或致了病入膏肓而死，自己還不能懺悔，心中常存怨恨，這種潛意識帶來轉生，其遺傳基因被其破壞，或在胎內或出生後會現其相。前生若能以般若來觀照五蘊皆空，即可洗滌前愆甚至解縛證道，眾生因不解宇宙真理，執著人法故此也。人們的造惡業亦是心，心生執著而不自覺即迷沉苦海，若果了悟此心本來是佛性，心生迷境而能自覺了，心即回歸本來面目，那個時候迷的眾生就是佛了。這心就是佛，因眾生迷而不覺故佛亦變眾生，是迷悟之一念間，人們應該在心之起念間要反觀自照以免隨波著流。

罪福本空無自性，原來性空無所憑，我道一覺超生死，慧光朗照病除根。

罪是違背公約的代價，福是善行的人間代價，這都是人我之間的現象界之法，在佛性之中都沒有此物，六道輪迴之中的諸心所法是人生舞台的法，人們只迷於舞台之法，未透視演戲之人，戲是假的演員是真的，任你演什麼奸忠角色，對於演員本身是毫不相關的，現象無論怎麼演變，其本來佛性是如如不動的，所以世間之罪福無自性，原來其性本空，沒有什麼法可憑依。戲劇中之盛衰生死貧富根本與佛性的演員都沒有一回事。《法華經》中的〈譬喻品〉有長者子的寓意故事，有位長者之子本來是無量財富，因出去玩耍被其他的孩子帶走，以致迷失不知回家，成為流浪兒，到了長大還不知其家，亦不認得其父母，父母還是思念，但迷兒流浪了終於受傭於其家為奴，雙方都不知是父子關係，有一天來了一位和尚，是有神通的大德，對其父子說你們原來是父子，那個時候當場互為相認，即時回復父子關係，子就可以繼承父親的財產了。未知之前其子還是貧窮的，了知之後就成富家兒了，故喻迷沉生死苦海的眾生若能被了悟的大德指導，一覺大我之道就超生死迷境了。了生死是瞭解生死之法本來迷境，這了悟就是智慧，智慧之光朗照，即業力的幻化迷境就消失，病魔之根就根除了。

阿字門中本不生，吽開不二絕思陳，五蘊非真業非有，能所俱泯斷主賓。

阿字門即是涅盤體，是不生不滅的佛性本體，了知諸法自性本空沒有實體，眾生迷於人法，《金剛般若經》中說的四相，我相、人相、眾生相、壽者相，凡夫迷著以為實有，四相完全是戲論，佛陀教吾們要反觀內照，了知現象即實在，要將現象融入真理，我與道同在，我與法身佛入我我入成為不二的境界，這不二的境界是絕了思考的起沒，滅了言語念頭，靈明獨耀之境界，所有的五蘊是假的，這五蘊堅固就是世間所云之靈魂，有這靈魂就要輪迴六趣了，有五蘊就有能思與所思的主賓關係，變成心所諸法而執著，能所主賓斷了，心如虛空，心如虛空故與道合一，即時回歸不生不滅的阿字門。不然的話，迷著於色聲香味觸之法而認為真，故生起貪愛、瞋恚、愚癡等眾蓋佛性，起了生死苦樂感受。諸法是戲論，佛性不是戲論，佛陀教吾們不可認賊為父。

了知三世一切佛，應觀法界性一真，一念不生三三昧，我法二空佛印心。

應該知道三世一切的覺者是怎樣成佛的。要了知一個端的應觀這法界森羅萬象是一真實的涅盤性所現，這是過去佛現在佛未來佛共同所修觀的方法，一念生萬法現，一念若不生就是包括了無我、無相、無願三種三昧，這種三昧是心空，不是無知覺，是視之不見、聽之不聞的靈覺境界，此乃一真法性當體之狀態，我執法執俱空即是入我我入，佛心即我心，我心即佛心，達到這境界即入禪定，禪是體，定是心不起，二而一，眾生成佛。釋迦拈花迦葉微笑即此端的，因為迦葉等五百羅漢，均是不發大心的外道思想意識潛在，故開了方便手拈畢波羅花輾動，大眾均不知用意，但都啞然一念不生注視著，這端的當體即佛性本來面目，可惜錯過機會，只有迦葉微笑表示領悟，自此別開一門的無字法門禪宗，見了性後不能發大心都是獨善其身的自了漢。

菩薩金剛我眷屬，三緣無住起悲心，天龍八部隨心所，神通變化攝鬼神。

羅漢在高山打蓋睡，菩薩落荒草，佛在世間不離世間覺，羅漢入定不管世事眾生宛如在高山睡覺，定力到極限的時候就醒來，會起了念頭，就墮下來了，菩薩是了悟眾生本質即佛德，已知迷是苦海，覺悟即極樂，菩薩已徹底了悟了，它就不怕生死，留惑潤生，拯救沉沒海中的眾生，如人已知水性了，入於水中會游泳，苦海變成泳池，眾生是不知水性故會沉溺，菩薩入於眾生群中，猶如一支好花入於蔓草之中，鶴立雞群，一支獨秀。佛世間、眾生世間、器世間，都是法界體性所現，在世間覺悟道理了，就是佛，所以佛在世間並無離開世間。佛是世間眾生的覺悟者，菩薩為度眾生而開方便法門，但有頑固的眾生不受教訓，菩薩就起了忿怒相責罰，這就是金剛，這是大慈大悲的佛心所流露之心所，其體即佛，心王心所是佛之眷屬，這種大慈大悲的教化眾生之心所，是沒有能度所度及功勞的心，無住生心，歸納起來菩薩金剛都是大悲毘盧遮那之心。此心即佛心，要度天或鬼神就變化同其趣。如天要降雨露均沾法界眾生就變天龍，要守護法界眾生就變八部神將，都是大日如來心所所流出的。祂的神通變化是莫測的，不但能度的菩薩金剛，連鬼神之類亦是毘盧遮那普門之一德，普門之多的總和即總持，入了總持即普門之德具備，這總持即是心。

無限色聲我實相，文賢加持重重身，聽我法句認諦理，一轉彈指立歸真。

心是宇宙心，心包太虛，太虛之中有無量基因德性，無量其因德性即普門，色即現前之法，聲即法相之語，語即道之本體，有其聲必有其物，有其物即有其色相，無限的基因德性，顯現無限不同法相，能認識之本體即佛性智德，顯現法相之理即理德，智德曰文殊，理德曰普賢，法界之森羅萬象即此理智冥加之德，無量無邊之理德及無量無邊之智德，無論一草一木都是此妙諦重重冥加的總和，只是基因德性之不同，顯現之物或法都是各各完成其任務之相。若不如是萬物即呈現清一色、一味、一相，都沒有各各之使命標幟了。這無限無量的基因德性曰功德，這功德都藏於一心之如來藏中，凡夫不知故認後天收入的塵法為真，將真與假合璧，成為阿賴耶識，自此沉迷三界苦海了，人們若果聽了這道理而覺悟，即不起於座立地成佛了。

—完—

梵字之字義

作者
玄覺編集

編輯
玄蒔

美術統籌
莫道文

美術設計
曾慶文

出版者
資本文化有限公司
地址：香港中環康樂廣場1號怡和大廈24樓2418室
電話：(852) 28507799
電郵：info@capital-culture.com
網址：www.capital-culture.com

鳴謝
宏天印刷有限公司
地址：香港柴灣利眾街40號富誠工業大廈A座15字樓A1, A2室
電話：(852) 2657 5266

出版日期
二〇二〇年七月第一次印刷

ISBN 978-988-79157-1-3
Published in Hong Kong